Asia-Snacks

Asia-Snacks

Kleine Köstlichkeiten von Persien bis Japan

Tom Kime

Fotos von Lisa Linder

DORLING KINDERSLEY
London, New York, Melbourne, München und Delhi

Für die deutsche Ausgabe
Programmleitung Monika Schlitzer
Projektbetreuung Elke Homburg
Herstellungsleitung Dorothee Whittaker
Herstellung Petra Kühner

Bibliografische Information Der Deutschen Bibliothek
Die Deutsche Bibliothek verzeichnet diese Publikation in der
Deutschen Nationalbibliografie;
detaillierte bibliografische Daten sind im Internet über
http://dnb.ddb.de abrufbar.

Titel der englischen Originalausgabe:
ASIAN BITES
Der Originaltitel erschien 2008 in Großbritannien bei Dorling Kindersley Limited, London
Ein Unternehmen der Penguin Gruppe
Copyright © 2008 Dorling Kindersley Limited, London
Text © 2008 Tom Kime

Projektbetreuung und Lektorat Siobhán O'Connor
Cheflektorat Dawn Henderson
Leitung Grafik und Gestaltung Simon Daley
Herstellung Mandy Inness
Fotos Lisa Linder
Bildredaktion Susan Downing
Produktionsleitung Jenny Woodcock
Lektoratsassistenz Ariane Durkin
Food Styling Alice Hart
Requisite Rachel Jukes

© der deutschsprachigen Ausgabe 2009 by Dorling Kindersley Verlag GmbH, München
Alle deutschsprachigen Rechte vorbehalten
Übersetzung Angelika Feilhauer
Lektorat Anja Ashauer-Schupp
DTP Satz+Layout Fruth GmbH, München

978-3-8310-1385-2

Colour reproduction by MDP, United Kingdom
Printed and bound in China by Leo Paper Group

Besuchen Sie uns im Internet
www.dk.com

Inhalt

Einleitung

Es heißt oft, Asiaten würden ständig essen. Sie scheinen geradezu Gelegenheiten zu suchen, um zu jeder Tages- oder Nachtzeit etwas zu verzehren. Für einen Koch und Autor wird Asien dadurch zu einem perfekten Ort, um zu reisen und die Produkte des Landes zu testen. Eine gesunde Leidenschaft für Essen ist in den so unterschiedlichen Ländern und Küchen Asiens mit ihren vielen hundert ethnischen Gruppen allgegenwärtig. Durch das ständige Probieren frisch zubereiteter Köstlichkeiten lernt man eine enorme Fülle an Aromen, Konsistenzen und fabelhaften Kombinationen kennen, die ihrerseits für die vielschichtige, dreidimensionale Tiefe sorgen, die Nahrung köstlich macht. Diese Aromatiefe sorgt dafür, dass keine Zutat hervorsticht und die Mahlzeit dominiert.

»Eroberungen und Völkerwanderungen ließen in Asien im Laufe der Jahrhunderte einen Schmelztiegel der Völker entstehen, die unterschiedlichsten Religionen angehören und unterschiedlichste Riten und Gebräuche kennen.«

Auf die gleiche Weise können die Kulturen asiatischer Länder beschrieben werden. Noch interessanter wird diese Vielschichtigkeit dadurch, dass es auf dem riesigen asiatischen Kontinent unmöglich ist, Küche und Gesellschaft voneinander zu trennen. Die Art der Speisen unterscheidet sich zwar von Region zu Region enorm, und Zutaten und Rezepte verändern sich, doch die Bedeutung von Essen bleibt gleich. In Asien ist Essen ein integraler Bestandteil des Lebens, und das macht die Verbindung von Essen und Reisen dort so über alle Maßen vergnüglich.

So ist etwa Reis in Asien weit mehr als ein Grundnahrungsmittel. Wie er gegart wird, ist für das Gelingen einer asiatischen Mahlzeit von größter Bedeutung. Reis ist in vielen alten Traditionen, die über Jahrtausende in einer sich über tausende Kilometer erstreckenden Region entstanden, ein kultureller Grundpfeiler. Reis ist nicht nur beim Essen und der Tischkultur von Bedeutung, sondern in allen Bereichen der Gesellschaft – Kunst, Literatur, Religion, Aberglaube, Wirtschaft und Politik. In vielen asiatischen Kulturen werden Speisen erst dann zu einer Mahlzeit, wenn sie mit Reis gegessen werden. Ohne Reis wären sie nur ein Imbiss. In China steht der Begriff *chi fan* (»Reis essen«) auch einfach für »essen«. In Thailand und Vietnam gibt es zahlreiche Redewendungen, in denen mittels Reis Dinge wie Großzügigkeit oder Liebe beschrieben werden. Das thailändische Wort für Reis ist *khao*, und eine häufige Begrüßung lautet »Kin khao laew reu yang?« (»Hast du schon Reis gegessen?«) Eine andere übliche Begrüßung in Asien lässt sich in etwa mit »Hallo, du musst hungrig sein.« übersetzen. So begrüßt muss ich einfach das großzügige Angebot, etwas zu essen, annehmen, auch wenn ich gerade erst gespeist habe.

Die Chilischote ist heute praktisch ein Synonym für viele asiatische Küchen. Die Küchen Thailands, Indiens und Malaysias wären ohne diese feurige Würzzutat kaum vorstellbar. Tatsächlich kam der

Chili aber erst nach Asien, nachdem Portugiesen und Spanier im 16. Jahrhundert Südamerika entdeckt hatten. Doch schon vorher waren viele asiatische Gerichte durch die Verwendung von Pasten aus Ingwer, Knoblauch, Pfeffer und anderen Gewürzen scharf und würzig gewesen. In Thailand

England des 16. und 17. Jahrhunderts verwendete man Muskat weithin sowohl in der Küche als auch in der Medizin, zum einen wegen seines Geschmacks und seiner starken antibakteriellen und konservierenden Eigenschaften, aber vor allem, weil man glaubte, dass er vor Pest schützen würde.

»Tatsächlich kam der Chili erst nach Asien, nachdem Portugiesen und Spanier im 16. Jahrhundert Südamerika entdeckt hatten. Doch schon vorher waren viele asiatische Gerichte durch die Verwendung von Pasten aus Ingwer, Knoblauch, Pfeffer und anderen Gewürzen scharf und würzig gewesen.«

Der lukrative Gewürzhandel wurde von den Arabern kontrolliert, und die Gewürzinseln Indonesiens brachten so viel Gewinn, dass manche Sultane riesige Reichtümer anhäuften. Zu Beginn des 16. Jahrhunderts war Maluku (die für Nelken und Muskat berühmten Molukken) als Jazirat-al-Muluk oder »Land der vielen Könige« bekannt. Später spielten diese Inseln für die Geschichte des Westens eine wichtige Rolle. Am Ende des Zweiten Englisch-Niederländischen Seekrieges erhielten die Holländer im 17. Jahrhundert die Kontrolle über die molukkische Insel Run und übergaben dafür Neu-Amsterdam (Manhattan, New York) an die Briten.

war weißer Pfeffer besonders beliebt. Bei Thai-Gerichten, für die weißer Pfeffer verwendet wird, handelt es sich wahrscheinlich um alte siamesische Rezepte aus der Zeit, bevor die Spanier mit ihrer scharfen Beute aus Südamerika zurückkehrten.

Die sinnlichen Freuden und Aromen der Küchen Asiens beschwören Bilder von alten Handelsrouten, exotischen Gewürzmärkten und Jahrhunderten der Geheimnisse herauf, die schon vor mir alle in ihren Bann zogen, die mit ihnen in Berührung kamen – die Römer eingeschlossen, von denen man weiß, dass sie Gewürzmischungen aus Kreuzkümmel und Ingwer verwendeten. In der römischen Küche dienten salzige Sardellenpasten dazu, Gerichte auf ähnliche Weise zu würzen, wie man dies in Südost- und Ostasien seit Jahrtausenden mit Fischsauce und getrockneten Garnelen macht.

Ich bin fasziniert davon, wie Gewürze in der asiatischen Küche verwendet werden, und sie haben zu unterschiedlichsten Zeiten Fremde aus weit entfernten Ländern in ihren Bann geschlagen. Im

In der asiatischen Küche sollten die Geschmacksrichtungen Scharf, Süß, Salzig und Sauer vollkommen ausgewogen sein – in Thailand wird dies *rot chart*, »richtiger Geschmack« genannt. Diese Ausgewogenheit erreicht man durch die Verwendung von Gewürzen, Pfeffer, Chilischoten, frischen Kräutern, Zitrusfrüchten und salzigen Zutaten aus fermentierten Sojabohnen und Meeresfrüchten. Frische Kräuter verleihen den Küchen ganz Asiens eine typische aromatische Frische. In Thailand verwendet man nicht nur die Blätter von frischem Koriander, sondern auch die Wurzeln und vergleicht ein Bund Koriander mit einem Baum und seinen Wurzeln. Ein Baum nimmt über seine Wurzeln Nährstoffe auf. Würde man Nährstoffe durch Aroma ersetzen, hätten die Wurzeln das intensivste Aroma und die Blätter das wenigste, weil sie am weitesten von den Wurzeln entfernt sind. Frische Korianderwurzeln sind eine wichtige Zutat für thailändische Currypasten, Marinaden und würzige Dressings.

Auf diese Ausgewogenheit der Aromen wird in Asien bei allen Arten von Gerichten geachtet. Faszinierenderweise erreicht man sie mit streng

»Wann immer ich durch Asien reise, probiere ich die unterschiedlichsten Gerichte, doch die Ausgewogenheit der Aromen vereint alle.«

riechenden, intensiv schmeckenden Zutaten, die pur dominant und sogar unangenehm schmecken. Erst durch Gegenspieler, durch das Kombinieren mit anderen Zutaten verwandeln sich diese intensiven Aromen. Die feurige Schärfe von Gewürzen und Chilischoten kann durch etwas Süßes oder Neutrales ausgeglichen werden wie etwa Joghurt, Kokosmilch, Obst, Zucker, Honig, geröstetes Wurzelgemüse oder junges grünes Gemüse. Intensive salzige Zutaten wie Fischsauce, Sojasauce und fermentierte Pasten werden durch saure Zitrusfrüchte, Zitronengras, Limettenblätter oder Tamarinde gebändigt. Zusammen ergeben scharfe, süße, salzige und saure Elemente viel mehr als nur die Summe ihrer Einzelteile. Diese einfache Faustregel garantiert, dass alle Speisen wunderbar belebend sind und geradezu süchtig machen. Wann immer ich durch Asien reise, probiere ich die unterschiedlichsten Gerichte, doch diese einfache Ausgewogenheit der Aromen vereint alle.

Um beispielsweise den vietnamesischen *nuoc-cham*-Dip zuzubereiten, wird zunächst in einem Steinmörser Knoblauch mit Salz zerstoßen. Dann fügt man gehackte scharfe rote Chilischoten hinzu und zerreibt alles zu einer Paste. Anschließend verrührt man Fischsauce und Limettensaft und mischt sie mit etwas Zucker unter die Paste. Das Ergebnis ist einfach unglaublich. In Thailand ist die einfachste Würze *nam pla prik*, die auf keinem Tisch fehlt. Dabei handelt es sich schlicht um Fischsauce, verrührt mit gehackter Chilischote und etwas Limettensaft oder Tamarinde (siehe S. 154). Kombiniert man diese scharfe, saure und salzige Sauce mit etwas Süßem wie gegrillten Garnelen, frischen Krebsen oder im Ofen gebratenem Huhn oder Schweinefleisch, ist das Resultat verblüffend, da alle Geschmacksknospen gleichzeitig stimuliert werden. Man schmeckt alle Zutaten einzeln und dann zusammen.

Ob einfache Sauce oder opulente Mahlzeit, der asiatische Koch webt ein magisches Netz der Geschmackskompositionen, die beim ersten Bissen herzhaft und wohltuend sein können, beim nächsten zart und exotisch.

Bei einer authentischen asiatischen Mahlzeit kommen in einem stetigen Strom zahlreiche Gänge auf den Tisch, und man isst verschiedene Speisen gleichzeitig. Anders als im Westen gibt es keine wirkliche Trennung zwischen Gerichten oder Gängen. Eine Suppe kann zusammen mit einem Curry oder Relish gegessen und zum Befeuchten des Reises verwendet werden, der zu der Mahlzeit gereicht wird. Die Gerichte in diesem Buch sind dann gut, wenn sie zusammen serviert werden. Der Titel des Buches *Asia-Snacks* steht für die kleinen mundgerechten Häppchen, die man einfach so probieren kann oder als Teil einer größeren Mahlzeit. Unterschiedliche Speisen können als Snacks, leichte Mahlzeiten oder auf einer üppigen Festtafel, die ein breiteres Bild der asiatischen Küche zeigt, serviert werden.

Rauchend und **heiß**

Kohlepfannen, rauchende Grills, das Zischen eines heißen Woks – Fast Food im besten Sinne. Ob würziger Fisch vom Grill, marinierte Fleischspieße oder ein pfannengerührtes exotisches Gemüsegericht, hier wird jeder verführt. Grillen ist in vielen Teilen Asiens, wo Garküchen im Freien weit verbreitet und alle Arten von Streetfood erhältlich sind, eine Art Kunst. Und nicht zu vergessen die schöne Kunst des Pfannenrührens, mit der man frisches knackiges Gemüse und saftiges Fleisch oder Meeresfrüchte im Nu auf den Tisch zaubert.

Patta kaah ju chatni | Pilgermuscheln mit Koriander-Chutney

Die Aromen des leuchtend grünen Chutneys, verbunden mit der Süße von Pilgermuscheln und gerösteten Nüssen, machen dieses einfache Gericht perfekt. Die Cashewkerne können durch Erdnüsse oder Kokosnuss ersetzt werden, und auch andere Kräuter passen. Zitronensaft oder Tamarindenpaste liefern die Säure.

Für 6 Personen

Für das Koriander-Chutney

4 EL ungeröstete Cashewkerne

1 Knoblauchzehe, geschält

½ TL Salz

1 TL Zucker

4 mittelscharfe frische grüne Chilischoten, von den Samen befreit und fein gehackt

1 großes Bund Koriandergrün, Stängel und Blätter grob gehackt

1 EL griechischer Joghurt

Saft von 2 Limetten

Für die Muscheln

12–18 Kleine Pilgermuscheln

4 cm frischer Ingwer, geschält

2 EL Pflanzenöl

3 Frühlingszwiebeln, in feine Ringe geschnitten

1 kleine Handvoll frische Koriander- oder Minzeblätter, grob gehackt

Salz und frisch gemahlener schwarzer Pfeffer

Passt zu
Maisküchlein mit
Curry (S. 70–71)

Salatkörbchen mit
Hähnchenfleisch (S. 124–125)

1 Für das Chutney die Cashewkerne ohne Fett goldbraun rösten. Die Hälfte davon beiseitestellen. Die restlichen abgekühlten Nüsse mit dem Knoblauch, Salz und Zucker in der Küchenmaschine zu einer Paste verarbeiten. Zuerst den Chili und Koriander, dann den Joghurt mit 2 EL Wasser unterarbeiten. Die Paste kann glatt oder leicht stückig sein. Das Chutney in eine Schüssel füllen, mit dem Limettensaft vermischen und probieren. Es sollte scharf durch die Chilis, süß durch die Nüsse und den Joghurt, sauer vom Limettensaft und salzig sein.

2 Die Muscheln vorbereiten. Dazu den kleinen Muskel, der Fleisch und Schale verbindet, entfernen. Wer den orangefarbenen Rogen nicht mag, kann auch diesen entfernen. Das Muschelfleisch auf Küchenpapier abtrocknen lassen und pro Muschel je eine Schalenhälfte gut säubern. Den Ingwer zuerst in dünne Scheiben und dann in feine Streifen schneiden. Die zurückgestellten Cashewkerne grob zerstoßen.

3 Das Öl in einem großen Sautiertopf mit schwerem Boden bei mittlerer bis hoher Temperatur erhitzen. Die Muscheln salzen und pfeffern und in dem Topf, je nach Dicke, auf jeder Seite 60–80 Sekunden scharf anbraten. Dabei einmal mithilfe von zwei Esslöffeln rasch wenden. Die karamellisierten Muscheln auf sauberes Küchenpapier heben.

4 Jeweils eine Muschel in eine Schalenhälfte setzen. Etwas Koriander-Chutney darüberlöffeln. Die Muscheln mit Ingwer, Frühlingszwiebeln, zerstoßenen Cashewkernen und Koriander oder Minze bestreuen und sofort servieren. Das Chutney passt auch gut zu anderen Meeresfrüchten wie Krebsen, gegrillten Garnelen oder Hummer oder festem, weißfleischigem Fisch.

Rau xanh toi xao | Pfannengerührtes grünes Gemüse

Wie viele vietnamesische Gerichte ist auch dieses unglaublich einfach und schmackhaft. Das Garen im Wok verleiht dem Gemüse ein wunderbar rauchiges Aroma. Ich aß dieses Gericht in Hanoi, wo es mit Kürbisstängeln zubereitet war. Es war beeindruckend. Versuchen Sie, Kürbisstängel und Kürbisblüten zu bekommen, denn sie schmecken wunderbar. Ich empfehle Ihnen, entweder selbst Kürbisse zu ziehen oder in italienischen, spanischen und griechischen Gemüsegeschäften nach ihnen zu suchen. Andernfalls verwenden Sie andere grüne Gemüse.

1 Bei Verwendung von Kürbisstängeln die fadenartigen Außenfasern der Stängel so wie bei Staudensellerie abziehen und die Stängel in 8 cm lange Stücke schneiden. Bei Verwendung von anderen Gemüsesorten diese in gleich große Stücke schneiden. In einem Topf leicht gesalzenes Wasser zum Kochen bringen. Sämtliches Gemüse darin 3 Minuten blanchieren, es sollte noch etwas Biss haben. Das Gemüse abtropfen lassen.

2 Das Öl in einem Wok oder Topf erhitzen. Den Knoblauch darin 1–2 Minuten unter Rühren braten, bis er goldbraun ist. Das blanchierte Gemüse dazugeben und kurz pfannenrühren, um es mit Öl und Knoblauch zu überziehen, dann mit Salz und reichlich Pfeffer würzen. Die Fischsauce und den Zitronensaft hinzufügen und das Gemüse weitere 30 Sekunden pfannenrühren. Das Gericht sofort mit Fleisch, Fisch oder Reis servieren.

Für 4 Personen

- 1 kg Kürbisstängel und/oder -blüten oder Spinat, Mangold, grüner Spargel, junger violetter Brokkoli oder Brokkoliröschen
- 3 kleine Zucchini, längs in dünne Scheiben geschnitten
- Etwas Pflanzenöl zum Braten
- 3 kleine Knoblauchzehen, geschält und zerdrückt
- 2 EL Fischsauce (vorzugsweise *nuoc mam*)
- Saft von 1 Zitrone
- Salz und frisch gemahlener schwarzer Pfeffer

Passt zu
Gebratener Reis indonesische Art (S. 32)
Malaisisches Rindfleisch-Rendang (S. 148–149)

Mee goreng | Gebratene Nudeln malaiische Art

Von der Chilipaste können Sie eine größere Menge zubereiten, diese dann im Kühlschrank aufbewahren und auch für andere Gerichte verwenden. Je nachdem wie »chili-scharf« Sie Ihr Essen mögen, reicht schon wenig Paste recht lange. Sie können die Nudeln auch vegetarisch zubereiten, indem Sie die Gemüse- und Tofumenge erhöhen, typischer ist jedoch die Kombination von Huhn, Tofu und Garnelen.

Für 4 Personen

10 große getrocknete Chilischoten

5 Schalotten, geschält

5 Knoblauchzehen, geschält

1 TL Garnelenpaste
(vorzugsweise *belachan*)

6 EL Pflanzenöl

150 g fester Seidentofu, in 2 cm
große Würfel geschnitten

2 Zwiebeln, geschält und gewürfelt

2 Knoblauchzehen, geschält und
fein gehackt

300 g Hähnchenbrustfilet, in
Scheiben geschnitten

300 g rohe Garnelen, geschält,
Därme entfernt

6 Choi sum- oder Pak choi-Stiele,
in 3 cm lange Stücke geschnitten

1 TL Tomatenmark

1 EL dunkle Sojasauce

500 g frische chinesische Weizennudeln (*mee*), in kurze Stücke
geschnitten (aus dem Asienladen) oder 300 g getrocknete
chinesische Nudeln, gegart

4 Frühlingszwiebeln, fein gehackt

200 g Bohnensprossen, verlesen,
kurz blanchiert und abgeschreckt

Saft von ½–1 Limette

Salz und frisch gemahlener
schwarzer Pfeffer

Limettenspalten zum Servieren

1 Für die Chilipaste die Chilischoten mit kochendem Wasser übergießen und 20 Minuten quellen lassen, bis sie weich sind, dann von den Samen befreien und fein hacken. Den Chili, die Schalotten und die Knoblauchzehen im Mörser zu einer Paste zerreiben. Garnelenpaste und 2 EL Wasser untermischen. 1 EL Pflanzenöl im Wok bei mittlerer bis hoher Temperatur erhitzen und die Paste darin 3–4 Minuten braten, dann in eine Schüssel geben. Den Wok auswischen.

2 Das restliche Öl im Wok erhitzen und den Tofu darin in 3–4 Minuten goldbraun braten. Mit dem Schaumlöffel aus dem Wok heben und auf Küchenpapier abtropfen lassen. Die Zwiebelwürfel und den gehackten Knoblauch in dem Öl 2 Minuten unter Rühren braten, bis sie aromatisch duften. Das Hähnchenfleisch hinzufügen und 2–3 Minuten pfannenrühren. Garnelen und Kohl dazugeben.

3 1 EL Chilipaste, das Tomatenmark, 125 ml Wasser und die Sojasauce hinzufügen und zum Köcheln bringen. Die Nudeln dazugeben und 3 Minuten pfannenrühren. Die Frühlingszwiebeln, die Bohnensprossen und den angebratenen Tofu in den Wok geben und untermischen. Das Gericht mit Salz, Pfeffer und etwas Limettensaft abschmecken. Garnelen, Hühnerfleisch und Nudeln verleihen ihm Süße, die Chilipaste Schärfe, der Limettensaft Säure und Sojasauce und Salz machen es salzig. Das Gericht mit Limettenspalten sofort servieren.

Suk ju | Bohnensprossen mit scharfer Bohnenpaste

Suk ju ist einfach zuzubereiten, sehr schmackhaft und eines der vielen vege-
tarischen Gerichte, die man überall in Korea findet. Diese Gerichte, *namul*
genannt, sind ein wichtiger Bestandteil eines ausgewogenen koreanischen
Festmahls. *Kochujang*, rote Bohnenpaste, die ihre feurige Schärfe durch Chilischoten erhält, verleiht diesem Gericht besondere Würze.

1 Den Wok oder einen Topf bei mittlerer bis hoher Temperatur
erhitzen – er muss vor dem Garen heiß sein. Das Öl hineingeben
und erhitzen. Den Knoblauch darin 30 Sekunden unter Rühren braten, bis er aromatisch duftet. Bohnensprossen, Sesamöl, Sojasauce
und Bohnenpaste dazugeben und 1–2 Minuten pfannenrühren, bis
die Bohnensprossen zusammenzufallen beginnen.

2 Die Sprossen großzügig salzen und pfeffern. Limettensaft und
Korianderblätter unterheben und das Gericht abschmecken.
Es ist scharf, süß, salzig und sauer. Die Bohnensprossen sollten noch
reichlich Biss haben.

3 Das Gericht sofort servieren, da die Bohnensprossen durch
die Resthitze weitergaren. Die Sprossen schmecken auch kalt
wunderbar – dann macht es nichts, wenn sie etwas weicher sind.
Aber sie sollten möglichst rasch abkühlen, indem man sie sofort nach
dem Garen aus dem Wok nimmt.

Als Beilage für 4–6 Personen

1 EL Pflanzenöl

2 Knoblauchzehen, geschält und
fein gehackt

750 g Bohnensprossen, verlesen
und gewaschen

1 EL Sesamöl

1 EL helle Sojasauce

2 TL koreanische scharfe rote
Bohnenpaste (vorzugsweise
sanchung kochujang)

Saft von 1 Limette

1 Handvoll Koriandergrün, Blätter
abgezupft

Salz und frisch gemahlener
schwarzer Pfeffer

Passt zu
Schweinefleisch-
Kohl-Taschen (S. 75)
Frittierte Kalmarblüten mit Ingwer
und Gewürzen (S. 58–59)

Ikan panggang | Marinierte und gegrillte Makrelen

Frische Makrelen, auf dem heißen Grill gegart, schmecken köstlich. Hier werden sie in dicke Steaks geschnitten. Man kann sie aber auch ganz grillen und servieren; sie lassen sich aufgrund ihrer Größe leicht zubereiten. Die herrlich scharf-saure Marinade enthält einige der wichtigsten charakteristischen Zutaten der indonesischen Küche: Kurkuma, Zitronengras, Ingwer, Limette und Kokosmilch. Schärfe und Säure bilden einen Kontrast zum Fettgehalt der Makrelen und bringen die Süße des Fisches zur Geltung.

Für 4–6 Personen

2 Limetten plus Limettenspalten zum Servieren

5 frische rote Chilischoten, von den Samen befreit und fein gehackt

1 TL Salz

2 Stängel Zitronengras, geputzt und fein gehackt

4 cm frischer Ingwer, geschält und fein gehackt

5 Schalotten, geschält und fein gehackt

200 ml Kokosmilch

1 TL gemahlene Kurkuma

4–6 ganze Makrelen, gesäubert und in dicke Scheiben geschnitten

1 Die Schale mitsamt der weißen Innenhaut der ganzen Limetten mit einem scharfen Messer abschälen und wegwerfen, das Fruchtfleisch fein hacken.

2 Den Chili mit dem Salz im Mörser zerreiben. Das Zitronengras und den Ingwer hinzufügen und zerstoßen. Nun die weicheren Zutaten unterarbeiten – zuerst die Schalotten, dann das gewürfelte Limettenfleisch. Etwas Kokosmilch hinzufügen, damit eine Paste entsteht. Die Paste mit der restlichen Kokosmilch in eine große, flache Schüssel geben und die Kurkuma untermischen.

3 Um die ganzen Makrelen zu grillen, die Fische auf beiden Seiten schräg dreimal bis zu den Gräten einschneiden, damit die Marinade gut einziehen kann, und in die Marinade legen. Oder die Fischsteaks in die Marinade legen. Den Fisch 30 Minuten marinieren, dabei mehrmals mit der Marinade bestreichen.

4 Den Grill oder eine gusseiserne Grillpfanne erhitzen und den Fisch auf jeder Seite 4–5 Minuten grillen, bis er gebräunt und gar ist, zwischendurch immer wieder mit Marinade bepinseln. Dann sofort mit den Limettenspalten zum Beträufeln als Imbiss, Vorspeise oder Teil einer größeren asiatischen Mahlzeit servieren.

Passt zu
Burmesische Erbsenküchlein (S. 90–91)
Scharf-saurer Salat von grüner Papaya (S. 144–145)

Tangcu | Chinesische Rippchen vom Grill

Diese Rippchen sind einfach zuzubereiten und sehr lecker. Kaufen Sie reichlich ein, denn Ihre Gäste werden mit dem Essen gar nicht mehr aufhören können. Entscheiden Sie selbst, wie scharf und würzig Ihre Rippchen werden.

1 Bitten Sie Ihren Metzger, die Rippchen quer in 4–5 cm lange Stücke zu teilen. Die Rippchen in einen großen Topf mit Wasser legen und zum Kochen bringen. Die Hitze reduzieren und die Rippchen 20 Minuten köcheln, dann abgießen, abtropfen und abkühlen lassen. Die Stücke in einzelne Rippchen zerteilen.

2 Alle restlichen Zutaten mit Ausnahme von Salz und Pfeffer in einer großen Schüssel vermischen. Die Rippchen hinzufügen und in der Marinade wenden, um sie zu überziehen. Abgedeckt 3–5 Stunden – oder besser noch über Nacht – im Kühlschrank marinieren.

3 Ein Backblech mit Alufolie auslegen und den Backofen auf 180 °C vorheizen. Die Rippchen auf dem Blech verteilen und mit der Marinade übergießen, dann großzügig salzen und pfeffern. In 45 Minuten im Ofen gold- bis dunkelbraun backen, zwischendurch einmal wenden. Die Rippchen mit reichlich Papierservietten zum Abwischen der klebrigen Finger servieren.

Für 4–6 Personen

1,5 kg Schweinerippchen

125 ml Hoisin-Sauce

3 EL helle Sojasauce

3 EL Shaoxing-Reiswein

1 EL brauner Zucker

1 EL Honig

2 EL Tomatenmark

4 Knoblauchzehen, geschält und fein gehackt

1 mittelgroßes Stück frischer Ingwer, geschält und fein gehackt

2 frische rote Chilischoten, von den Samen befreit und fein gehackt

Salz und frisch gemahlener schwarzer Pfeffer

Passt zu
Frühlingsrollen mit Garnelen (S. 72–73)
Teigtaschen mit Pilzfüllung (S.106–107)

Cha bo | Gegrillte Rindfleischbällchen mit Dip

In Vietnam werden diese wunderbaren Hackfleischbällchen auf Bambusspießen über knisternden Holzkohlefeuern gegrillt. Oft serviert man sie als Teil eines Festmahls, *bo bay mon* genannt, bei dem sieben verschiedene Rindfleischgerichte gleichzeitig aufgetragen werden.

Für 4 Personen

Für die Rindfleischbällchen

3 EL Sesam

1 TL gemahlener Kreuzkümmel

500 g mageres Rinderhackfleisch

1 Knoblauchzehe, geschält und sehr fein gehackt

4 Schalotten, geschält und fein gehackt

1 EL Fischsauce (*nuoc mam*)

2 EL Kokosmilch

½ TL Currypulver

½ TL Zucker

½ TL Salz

Frisch gemahlener schwarzer Pfeffer

Für den Dip

3 kleine frische Bird's-eye-Chilischoten, von den Samen befreit und fein geschnitten

1 Knoblauchzehe, geschält und fein gehackt

1 EL Zucker

Saft von 2 Limetten

4 EL Fischsauce (*nuoc mam*)

1 Acht Bambusspieße mindestens 30 Minuten in kaltes Wasser legen, damit sie beim Grillen nicht verbrennen. Den Sesam in einer Pfanne ohne Fett bei mittlerer bis hoher Temperatur etwa 1 Minute rösten, bis er goldbraun ist. Den Kreuzkümmel hinzufügen und 1 Minute garen, bis er aromatisch duftet. Beides mit allen anderen Zutaten für die Rindfleischbällchen vermischen und 20–30 Minuten in den Kühlschrank stellen.

2 Für den Dip zwei Chilischoten mit dem Knoblauch und dem Zucker im Mörser zu einer glatten Paste zerreiben. 100 ml warmes Wasser hinzufügen. Die Mischung in einer Schüssel mit dem Limettensaft und der Fischsauce verrühren, bis sich der Zucker aufgelöst hat. Den Dip beiseitestellen.

3 Eine geriffelte gusseiserne Grillpfanne oder den Char-Grill erhitzen. Die Fleischmasse in 16 Portionen teilen. Jede Portion zu einer Kugel formen und diese zwischen den Handflächen zu einem etwa 4 cm großen Küchlein flach drücken. Jeweils zwei Küchlein auf einen Spieß stecken. Die Küchlein auf jeder Seite etwa 3 Minuten grillen. Wichtig ist, sie nicht zu lange zu garen, da sie sonst trocken werden – in der Mitte sollten sie noch rosa sein. Rasch den restlichen Chili zu dem Dip geben (er ist scharf, salzig und sauer) und den Dip zu den Fleischbällchen servieren.

Passt zu

Spargelbohnen mit Chilipaste (S. 30–31)
Gegrillte Hähnchenbrust nach Art Isaans (S. 40–41)

Ingwer

Dieses tropische Rhizom wird in Asien seit Jahrhunderten verwendet und ist sowohl in der Küche
als auch in der Medizin hoch geschätzt. Es heißt,
ohne Ingwer (*Zingiber officinale*) könne man
keine asiatischen Speisen zubereiten.
Die gesamte Ingwerwurzel kann verwendet werden, ihre belebende Würze
passt hervorragend zu Salaten oder
Meeresfrüchten. Aus dem zerkleinerten
Fruchtfleisch kann man den Saft herauspres-
sen, um ihn an Dressings und Suppen zu
geben. Das zurückbleibende Fleisch dient als
Grundzutat für zahllose Currypasten oder als
Basis für gegarte Gerichte. Die Schale aromatisiert Brühen, Fonds, Saucen und Garwasser.
Ingwer kann üppigen Speisen wie Schweinefleisch
oder gebratener Ente ihre Schwere nehmen.

Ingwer

Galgant

Kurkuma

Ausgewogene Aromen

Ingwer spielt für die Ausgewogenheit der asiatischen Küche eine wichtige Rolle. Er kann mit anderen Gewürzen und Kräutern kombiniert werden oder ein Gericht dominieren. Ingwer schmeckt scharf und pfeffrig, und man könnte meinen, dass er zu intensiv ist, um ihn mit zarteren Zutaten zu kombinieren, doch wenn man es tut, offenbaren sich seine chamäleonartigen Eigenschaften. Er passt gut zu Chili, Knoblauch und sauren Zutaten wie Zitrone, Zitronengras, Limettensaft und Limettenblättern. Das rötliche Fleisch von jungem Ingwer schmeckt in

»Ingwer spielt für die Ausgewogenheit der asiatischen Küche eine wichtige Rolle. Er kann mit anderen Gewürzen und Kräutern kombiniert werden oder ein Gericht dominieren.«

Reisessig eingelegt köstlich. So eingelegter Ingwer heißt in Japan *gari*, man bekommt ihn im Asienladen. Weltweit wird er zu Sushi serviert. In China legt man jungen Ingwer in Sirup ein und verwendet ihn kandiert für Konfekt und Desserts. Pfannengerührte Ingwerblüten schmecken wie Ingwer und erinnern im Biss an Spargel. »Wilder Ingwer«, *krachai*, wird für Salate und für Marinaden zum Beizen von Fisch verwendet. Er hat einen milderen, erdigeren Geschmack und einen höheren Wassergehalt.

Heilmittel

In Asien wird Ingwer aufgrund seiner medizinischen Wirkung weithin als Antioxidans, als immunstärkendes Mittel gegen Erkältungen und Kopfschmerzen und zur Verdauungsförderung verwendet. Er hilft gegen Übelkeit und soll gegen viele Bakterien wirken, die sich im tropischen Asien rasch auf Fleisch und Fisch ansiedeln. Vor allem im ganzheitlichen Verständnis von Ayurveda und Traditioneller Chinesischer Medizin spielt Ingwer unter anderem wegen seiner blähungstreibenden und verdauungsfördernden Eigenschaften eine wichtige Rolle.

Galgant

Auch Verwandte des Ingwers haben in der asiatischen Küche große Bedeutung. Einer von ihnen ist der erheblich schärfere Galgant (*Alpinia spp.*), der fast wie Arznei schmeckt. Galgant wird vor allem in Thailand und Indonesien als Zutat für Currypasten verwendet. In Scheiben geschnitten findet man ihn in vielen Suppen wie etwa *tom yam*, was »scharf und sauer« bedeutet. Chilischoten fanden erst Ende des 16. Jahrhunderts ihren Weg nach Thailand, nachdem Spanier und Portugiesen sie aus Südamerika mitgebracht hatten. Davor sorgten Ingwer und Galgant viele Jahrhunderte für die Würze und Schärfe, die die Basis der Thai-Küche bildet.

Kurkuma

Die leuchtend orangefarbene Kurkuma (*Curcuma longa*) wird in den Küchen Südostasiens und Südindiens frisch verwendet. Sie hat einen klaren, würzigen Geschmack ähnlich dem von Ingwer und wird von China über Südostasien bis Indien wegen ihrer medizinischen Wirkung geschätzt. Selbst im Westen hat sie aufgrund ihrer antikanzerogenen Eigenschaften Fürsprecher gefunden. In Bali ist Kurkuma die Hauptzutat für *jarmu*, eine flüssige Kräuterbasis für Arzneien. Zudem ist Kurkuma als Färbemittel bekannt. Sie färbt alles, was mit ihr in Berührung kommt, leuchtend gelb.

Kacang panjang | Spargelbohnen mit Chilipaste

Dieses einfache und sehr schmackhafte Gericht gehört zum Standardangebot chinesischer und malaysischer Straßenstände in Singapur. Traditionell werden Spargelbohnen verwendet. Sie sind etwas fester und haben mehr Aroma als normale grüne Bohnen, doch wahrscheinlich findet man sie nur in asiatischen Lebensmittelgeschäften. Als Ersatz kann man grüne Bohnen, Zuckerschoten oder grünen Spargel verwenden.

Für 4 Personen

4 EL Pflanzenöl

400 g Spargelbohnen, in 4 cm lange Stücke geschnitten, oder grüne Bohnen und grüner Spargel, geputzt und halbiert

1 EL Fischsauce (vorzugsweise *nam pla*)

1 TL Zucker

Für die Würzpaste

1 Stängel Zitronengras, geputzt und fein gehackt

3 Scheiben frischer Ingwer, geschält und gehackt

5 Knoblauchzehen, geschält und fein gehackt

3 frische rote Chilischoten, von den Samen befreit und fein gehackt

10 Schalotten, geschält und gehackt

1 EL Garnelenpaste

8 Macadamianüsse, grob gehackt

Passt zu
Kokos-Laksa aus Singapur (S. 112)
Schweinelende mit Minze und Erdnüssen (S. 158–159)

1 Für die Würzpaste Zitronengras und Ingwer im Mörser zerreiben. Knoblauch und Chili hinzufügen und zerreiben. Zum Schluss Schalotten, Garnelenpaste und Macadamianüsse hinzufügen und alles zu einer glatten Paste verarbeiten.

2 Das Öl bei mittlerer bis hoher Temperatur im Wok erhitzen und die Würzpaste darin 4–5 Minuten braten, bis sie dick ist und aromatisch duftet. Die Bohnen mit der Fischsauce und dem Zucker hinzufügen und 4–5 Minuten pfannenrühren, bis sie weich sind, aber noch Biss haben. Die Bohnen während des Garens mit etwas Wasser bespritzen, damit sich Dampf entwickelt, aber nicht zu viel Wasser hinzufügen – 100 ml sollten ausreichen. Am Ende sollten die Bohnen nicht in Flüssigkeit schwimmen. Das Gericht sofort servieren.

Nasi goreng | Gebratener Reis indonesische Art

Nasi goreng ist eines der berühmtesten Gerichte Indonesiens, das auf der riesigen Inselgruppe je nach vorhandenen Zutaten oder den Vorlieben des Kochs auf zahllose Arten zubereitet wird. Sollte Sie einmal eine schlechte Variante abgeschreckt haben, probieren Sie bitte dieses verlockende Rezept aus. Reichen Sie es zu Fisch- oder Fleischgerichten, Eiern oder Sate, oder geben Sie Hähnchenfleisch, Schweinefleisch, Gemüse der Saison oder Meeresfrüchte dazu.

Für 4–6 Personen

250 g gemischte frische Pilze wie Shiitakepilze, Wiesenchampignons und Austernpilze, gehackt

2 Knoblauchzehen, geschält und fein gehackt

5 cm frischer Ingwer, geschält und fein gehackt

2 frische rote Chilischoten, von den Samen befreit und fein gehackt

5 Schalotten, geschält und fein gehackt

2 EL Pflanzenöl

500 g kalter gegarter Reis, etwa Basmati- oder Jasminreis

1 Ei, leicht verquirlt

1 EL Ketjap manis (in Asienläden erhältlich)

1 EL helle Sojasauce

500 g frischer grüner Spargel, in 3 cm lange Stücke geschnitten

1 Handvoll Zuckerschoten, geputzt (nach Belieben)

4 Frühlingszwiebeln, fein gehackt

1 kleines Bund Koriandergrün, Blätter abgezupft

2 unbehandelte Limetten

Salz und frisch gemahlener schwarzer Pfeffer

1 Den Backofen auf 200 °C vorheizen. Die Pilze mit dem Knoblauch, dem Ingwer, dem Chili, den Schalotten und ein wenig von dem Öl mischen, salzen und pfeffern. Die Mischung auf einem Backblech verteilen und 10 Minuten im Ofen backen, bis Pilze und Schalotten zu karamellisieren beginnen.

2 Den Reis mit einer Gabel auflockern, um die Körner zu trennen. (Am besten verwendet man kalten Reis, da warmer Reis zu viel Öl aufnimmt. Wird der Reis frisch gekocht, sollte er möglichst rasch abkühlen.) Eine beschichtete Brat- oder Omelettpfanne dünn einölen. Das Ei hineingeben, durch Schwenken der Pfanne verteilen und ein Omelett braten. Das Omelett abkühlen lassen, aufrollen, in schmale Streifen schneiden und beiseitestellen.

3 Den Wok bei hoher Temperatur erhitzen. Das restliche Öl und die Pilzmischung mit der Flüssigkeit hineingeben. Den Reis mit Ketjap manis und Sojasauce hinzufügen und 2 Minuten unter Rühren braten. Den Spargel und, falls verwendet, die Zuckerschoten dazugeben und 4–5 Minuten pfannenrühren, bis der Reis heiß und das Gemüse gar ist, aber noch Biss hat.

4 Die Frühlingszwiebeln, den Koriander und die Omelettstreifen sowie den Saft von ½ Limette dazugeben. Das Gericht abschmecken. Es sollte süß und intensiv schmecken, durch die Chilis scharf und durch die Sojasauce salzig. Der Limettensaft gleicht die Schwere aus. Die übrige Limette in Spalten schneiden und den Saft während des Essens über das Gericht träufeln.

Phat neua | Gebratenes Rindfleisch mit Zwiebel-Chili-Relish

Das Pfannenrühren brachten die Chinesen nach Thailand. Doch während chinesische pfannengerührte Gerichte traditionell mit Sojasauce zubereitet werden, serviert man thailändische mit feurigem *nam pla prik* aus gehackten Bird's-eye-Chilischoten, Fischsauce und Limettensaft oder Tamarinde (siehe S. 154).

1 Den Wok bei hoher Temperatur erhitzen und das Öl hineingeben – da es rauchen wird, sollte man rasch arbeiten. Ein Drittel des Fleisches darin 2–3 Minuten unter Rühren bräunen, herausnehmen. Das restliche Fleisch in zwei Portionen ebenso pfannenrühren. Sämtliches Fleisch in den Wok geben. Auf mittlere Hitze reduzieren.

2 3 EL Relish und den Spargel hinzufügen und 2 Minuten köcheln lassen. Die Frühlingszwiebeln dazugeben und etwa 1 Minute garen, bis das Gemüse weich ist, aber noch Biss hat. Chili und Bohnensprossen hinzufügen und kurz pfannenrühren. Koriander und Minze unterheben. Das Gericht mit dem Limettensaft beträufeln und abschmecken. Mit Reis oder Nudeln oder mit anderen Gerichten servieren.

Zwiebel-Chili-Relish *(nam prik pow)* Den Backofen auf 200 °C vorheizen. 4 grob gehackte Zwiebeln, 4 gehackte Knoblauchzehen, 6 von den Samen befreite, fein gehackte frische rote Chilischoten und 1½ EL Pflanzenöl vermischen, in einer ofenfesten Schale verteilen und 10–15 Minuten im Ofen garen, bis alles weich und karamellisiert ist, dann mit 2 EL braunem Zucker und 1 TL Salz in eine Küchenmaschine oder den Mixer geben und zu einer Paste verarbeiten. 2 EL Tamarindenpaste, 2 EL Fischsauce (vorzugsweise *nam pla*) und 100 ml Wasser hinzufügen und glatt pürieren. In einem Topf mit schwerem Boden 1½ EL Öl bei mittlerer bis hoher Temperatur erhitzen. Das Püree hinzufügen, die Hitze reduzieren und die Masse 20–30 Minuten garen, bis die Flüssigkeit verdampft ist. Den Saft von 1 Limette untermischen, das Relish abschmecken und in sterilisierte Gläser mit fest schließenden Deckeln füllen. Im Kühlschrank hält es sich etwa einen Monat. Es passt zu allem von pfannengerührten Gerichten bis hin zum Roastbeef-Sandwich.

Für 4 Personen

2 EL Pflanzenöl

500 g zartes Rindfleisch, in dünne Streifen geschnitten

3 EL Zwiebel-Chili-Relish (Rezept siehe unten)

150 g geputzter grüner Spargel, in 3 cm lange Stücke geschnitten

4 Frühlingszwiebeln, schräg in feine Ringe geschnitten

1 große frische mittelscharfe Chilischote, von den Samen befreit und fein gehackt

1 Handvoll Bohnensprossen, verlesen und gewaschen

1 Handvoll frische Korianderblätter

20 frische Minzeblätter

Saft von 1 Limette

Gedämpfter Reis oder Nudeln zum Servieren

Passt zu
Nordvietnamesische Fischspießchen (S. 46–47)
Rettichsalat mit gebratenem Knoblauch (S. 142)

Chao tom | Würzige Garnelenröllchen auf Zitronengras

Chao tom ist eine würzige Garnelenmasse, die gegrillt, gebraten oder, in ein Bananenblatt gewickelt, gedämpft werden kann. Traditionell formt man die Masse um Zuckerrohrstücke herum zu »Lutschern«, die gegrillt werden. Das Zuckerrohr karamellisiert und verleiht den Garnelenröllchen ein tiefes Aroma. Da frisches Zuckerrohr schwer erhältlich ist, können Sie für diese Garnelenspieße halbierte Zitronengrasstängel verwenden. Erhitzt gibt das Zitronengras sein einzigartiges Aroma an die Garnelenröllchen ab.

Für 6 Personen

12 Stängel Zitronengras

1 kg große rohe Tigergarnelen, geschält, Därme entfernt

2 Knoblauchzehen, geschält und fein gehackt

3 cm frischer Ingwer, geschält und fein gehackt

2 frische grüne Chilischoten, von den Samen befreit und fein gehackt

1 Eiweiß

1 EL Fischsauce (vorzugsweise *nuoc mam*)

Saft von 1 Limette

1 EL Reismehl

Salz und frisch gemahlener schwarzer Pfeffer

1 Die Wurzeln des Zitronengrases abschneiden, aber die Stängelenden, die die Blätter zusammenhalten, nicht verletzen. Die Stängel auf 10–12 cm kürzen. (Abgeschnittene Teile für ein anderes Gericht aufheben.) Die harten äußeren Blätter von den gekürzten Stängeln entfernen, und die Stängel in der Mitte halbieren, sodass man 24 Spieße erhält. Die Stücke beiseitelegen.

2 Die Garnelen, den Knoblauch, den Ingwer und den Chili in eine Küchenmaschine geben und großzügig salzen und pfeffern. Die restlichen Zutaten hinzufügen. Alle Zutaten zu einer Paste verarbeiten, aber nicht zu lange pürieren, weil die Paste sonst zäh wird. Zum Abschmecken ein Bällchen von der Mischung braten und probieren, dann die Masse eventuell nachwürzen.

3 Eine geriffelte gusseiserne Grillpfanne oder den Grill erhitzen. Aus der Garnelenmasse 24 Bällchen formen und jeweils ein Bällchen auf einen halbierten Zitronengrasstängel stecken. Die Masse um die Stängel herum wie einen Lutscher formen und auf jeder Seite etwa 2 Minuten grillen. Heiß mit einem vietnamesischen Dip wie *nuoc cham* (siehe S. 38) servieren. Vietnamesische Dips für diese Art Snack sind oft salzig und sauer, während die Garnelen süßlich schmecken.

Passt zu

Sambal-Auberginen aus Sumatra (S. 88–89)
Frühlingszwiebel-Schnittlauch-Brötchen (S. 110–111)

Nem nuong | Schweinefleischbällchen mit Knoblauch

In Vietnam werden diese Bällchen aus Schweinehackfleisch bei Einbruch der Dunkelheit an Straßenecken über knisternden Feuern gegart. Den heißen Kohlen wird Luft zugefächelt, damit sie glühen. Menschen kehren in Scharen von der Arbeit nach Hause zurück, und die Bällchen finden reißenden Absatz. Man kann einen Spieß kaufen und einige würzige Fleischbällchen in einem kleinen Beutel. So genießt man sie, während man von der Menge weitergeschoben wird.

Für 6 Personen

2 EL ungeröstete Erdnüsse ohne Haut

500 g mageres Schweinehackfleisch

½ TL Salz

200 g fester fetter Rückenspeck

1 TL Zucker

2 Knoblauchzehen, geschält und fein gehackt

2 frische rote Chilischoten, von den Samen befreit und fein gehackt

1 EL Fischsauce (vorzugsweise *nuoc mam*)

1 EL zerstoßene schwarze Pfefferkörner

1 kleine Handvoll frische Korianderblätter, grob gehackt

Für den Dip (*nuoc cham*)

1 TL Reisessig

1 TL Zucker

1 frische rote Chilischote, von den Samen befreit und fein gehackt

1 Knoblauchzehe, geschält und fein gehackt

Saft von 1 Limette

2 EL Fischsauce (vorzugsweise *nuoc mam*)

1 Zwölf Bambusspieße mindestens 30 Minuten in kaltes Wasser legen, damit sie später nicht verbrennen. Für den Dip Reisessig und Zucker mit 60 ml Wasser aufkochen und abkühlen lassen. Zuerst den Chili, den Knoblauch und den Limettensaft, dann die Fischsauce hineinrühren. Beiseitestellen. Die Erdnüsse in einer Pfanne bei mittlerer bis hoher Temperatur ohne Fett in 3–4 Minuten goldbraun rösten. Herausnehmen, abkühlen lassen, grob hacken und beiseitestellen.

2 Das Fleisch mit dem Salz vermischen und beiseitestellen. Den Speck in einer schweren Pfanne bei mittlerer bis hoher Temperatur etwa 10 Minuten braten, bis er stellenweise knusprig ist. Zuerst in sehr dünne Streifen und dann in kleine Würfel schneiden. Die Speckwürfel 5 Minuten in einer Mischung aus dem Zucker, dem Knoblauch, dem Chili, der Fischsauce und dem Pfeffer marinieren.

3 Das Fleisch, den Speck mit der Marinade und den Koriander vermischen. Ein Fleischbällchen formen, dieses braten und probieren. Zucker und Speck sorgen für Süße, Chili und Pfeffer für Schärfe und die Fischsauce und das Salz für den salzigen Geschmack. Die Fleischmasse eventuell nachwürzen, aber daran denken, dass der Dip salzig, scharf und sauer sein wird.

4 Den Char- oder Holzkohlengrill sehr stark erhitzen. Aus der Fleischmasse kleine Bällchen formen und jeweils drei oder vier auf einen Spieß stecken. Die Bällchen auf beiden Seiten 4–5 Minuten grillen, bis sie mittelbraun und durchgegart sind. Die Spieße mit den Erdnüssen bestreuen und mit dem Dip servieren.

Kai yang | Gegrillte Hähnchenbrust nach Art Isaans

Isaan liegt im Nordosten Thailands nahe Laos. Die Küche der Region ist für ihre klaren Aromen und die Verwendung von Kräutern berühmt. Bei diesem Rezept wird das Fleisch mit einer Paste eingerieben, mariniert und dann ganz langsam gegrillt, damit die Marinade auf der Haut karamellisiert. Oft macht man dies auch mit einem flach gedrückten halben Hähnchen.

1 Das Zitronengras mit dem Salz und dem Zucker im Mörser zu einer groben Paste zerreiben. Knoblauch und Korianderwurzeln oder -stängel hinzufügen und zerreiben. Den Pfeffer dazugeben und alles zu einer nicht ganz glatten Paste zerstoßen. Die Fischsauce untermischen. Das Fleisch sorgfältig mit der Paste einreiben und mindestens 2 Stunden im Kühlschrank marinieren.

2 Eine geriffelte gusseiserne Grillpfanne oder den Holzkohlengrill erhitzen, aber nicht zu heiß werden lassen. Das Fleisch wird langsam gegart, damit es einen rauchig-pikanten Geschmack erhält und die Marinade karamellisiert. Das Fleisch so in die Pfanne oder auf den Grill legen, dass es nicht der direkten Hitze ausgesetzt ist, und etwa alle 3 Minuten wenden, damit es nicht verbrennt. Sobald das Fleisch außen karamellisiert und innen gar ist, mit dem Dip unten servieren.

Dip nach Art Isaans (*nam jaew*) Die Stielansätze von 3 großen getrockneten Chilischoten abschneiden. Die Schoten längs aufbrechen und von den Samen befreien, dann mit heißem Wasser bedeckt 30 Minuten quellen lassen, bis sie weich sind. 2 TL Garnelenpaste (vorzugsweise *kapi*) in Alufolie wickeln. Eine schwere Pfanne bei mittlerer bis hoher Temperatur erhitzen und die Paste darin in der Folie auf jeder Seite etwa 5 Minuten garen. Danach duftet sie aromatisch. Die abgetropften Chilis sehr fein hacken und mit ½ TL Salz und ½ TL Zucker im Mörser zu einer groben Paste zerreiben. 6 fein gehackte Schalotten und 2 fein gehackte Knoblauchzehen dazugeben und zerreiben. Die Garnelenpaste untermischen. 2 EL Tamarindenpaste (siehe S. 154), 1 EL Fischsauce (vorzugsweise *nam pla*) und 2 EL Wasser unterrühren, sodass ein Dip mit der Konsistenz von Konfitüre entsteht.

Für 4–6 Personen

4 Stängel Zitronengras, geputzt und in dünne Ringe geschnitten

1 TL Salz

1 TL Zucker

6 Knoblauchzehen, geschält und fein gehackt

3 frische Korianderwurzeln oder 6 Korianderstängel, fein gehackt

1 EL zerstoßene schwarze Pfefferkörner

1 EL Fischsauce

4 ganze Hähnchenbrüste mit Haut, in jeweils 4 Stücke zerteilt

4 Hähnchenschenkelfilets mit Haut, halbiert

Passt zu

Tofusalat nach Nonya-Art (S. 136–137)
Rindfleisch mit Tamarinde und Erdnüssen (S. 180–181)

Sojaprodukte

Es ist schwer, die asiatische Küche und Kultur zu beschreiben, ohne die Sojabohne und die riesige Zahl von Sojaprodukten zu erwähnen. Soja wird in Asien seit Jahrtausenden wegen seiner Vielseitig-

»Soja wird in Asien seit Jahrtausenden wegen seiner Vielseitigkeit geschätzt. In China baute man schon vor etwa 5000 Jahren Sojabohnen an, und ihre Verwendung breitete sich rasch über ganz Asien aus.«

keit geschätzt. In China baute man schon vor etwa 5000 Jahren Sojabohnen an, und ihre Verwendung breitete sich rasch über ganz Asien aus.

Sojabohnen werden als Sprossen und als frische grüne Bohnen (in Japan *edamame* genannt) gegessen, doch man stellt aus ihnen auch Milch her, aus der wiederum Tofu bereitet wird, den man in China, Japan, Korea, Thailand und Malaysia isst. *Tempeh* ist leicht fermentierter Tofu mit einem nussigen Geschmack. Zahlreiche Pasten, Saucen und Würzen werden auf der Basis von fermentierten Sojabohnen zubereitet. Die bekanntesten sind wohl die helle und dunkle Sojasauce, die in vielen asiatischen Ländern sowohl zum Einlegen als auch als Würzmittel verwendet werden. Eine in Java verbreitete Sojasauce, *ketjap manis* genannt, wird traditionell mit Palmzucker gesüßt und mit Sternanis und Galgant aromatisiert.

Soja leistet dort, wo wenig oder keine Milchprodukte verzehrt werden und Fleisch knapp und teuer ist, einen wichtigen Beitrag zur Ernährung. Ein Hektar Land mit Soja bestellt liefert fast 20-mal mehr Protein als ein Hektar, der zur Rinderhaltung genutzt wird.

Helle und dunkle Sojasauce

In der chinesischen Küche ist die Verwendung dieser Würze seit Jahrhunderten dokumentiert. Ursprünglich hatte sie mehr Textur, heute enthalten sowohl helle als auch dunkle Sojasauce keine festen Bestandteile mehr. Früher wurde Sojasauce verwendet, um frische Produkte für den Winter haltbar zu machen. Sie wird aus gerösteten Sojabohnen und Weizen hergestellt, die fermentiert werden und dann in Salzlake reifen. Helle Sojasauce hat ebenso viel Geschmack wie dunkle, ist aber salziger. Sie eignet sich gut für Meeresfrüch-

Miso

Miso ist wesentlicher Bestandteil von Japans Kultur und eine wichtige Zutat für japanische Suppen, Marinaden, Aufstriche und Dressings. Am häufigsten wird es als Grundlage für Miso-Suppe verwendet – eine Schale warme Miso-Suppe gehört zu fast jedem japanischen Frühstück. Diese Paste aus fermentierten Sojabohnen kann blassbraun, rot und auch dunkel schokoladenbraun sein, je nachdem, ob sie mit Reis, Gerste oder Weizen hergestellt wurde. Sie riecht weinartig und harmoniert großartig mit Ingwer, Sesam und japanischer Sojasauce. Miso ähnelt vermutlich der dünnen chinesischen Sojabohnensauce, die vor etwa 1000 Jahren von buddhistischen Mönchen von China nach Japan gebracht wurde.

tegerichte, Gemüse und leichte Dips. Dunkle Sojasauce wird häufiger im Norden Chinas verwendet. Sie reift länger als helle Sojasauce, enthält dunkle Melasse und färbt die Gerichte. Sie eignet sich für Eintöpfe und Fleisch wie Ente, Rind und Wild.

Tamari

In Japan kann die Verwendung von Sojasauce, hier *shoyu* genannt, etwa 1000 Jahre zurückverfolgt werden. Eingeführt wurde sie von den Chinesen. Die Fermentierung erfolgt nach der gleichen Methode wie bei chinesischer Sojasauce, aber sie ist meist süßer und weniger salzig, da sie mehr Weizen enthält. *Tamari* ist eine in Japan sehr geschätzte dunkle, ohne Weizen hergestellte Sojasauce. Leider haben nicht alle im Westen angebotenen Produkte die hohe Qualität wie *tamari* in Japan.

Tofu

Tofu (japanisch) oder *doufu* (chinesisch) entstand vermutlich während der Han-Zeit (206 v. Chr.–220 n. Chr.) in China. Für seine Herstellung werden gelbe Sojabohnen eingeweicht, gemahlen und gefiltert. Die Milch wird erhitzt und zur Gerinnung gebracht. Weicher Tofu wird Seidentofu genannt und ist häufig in Wasser verpackt. Frittierter Tofu ist innen wunderbar weich und elastisch, außen dafür schön knusprig.

Sojabohnen

Tofu

Sojasauce

Fermentierte Sojaprodukte

Fermentierter Tofu kann mit Reiswein, Lake oder Chilischoten konserviert sein und pur gegessen oder als Würze verwendet werden. Die Farbe von fermentiertem rotem Tofu entsteht durch die Zugabe von rotem Reis. Dieser Tofu hat eine feste Konsistenz und wird oft mit Chilis zu einer scharfen Bohnenpaste verarbeitet. Die Paste spielt als Würze eine wichtige Rolle in der Küche Sichuans und auch in Korea, wo sie in der Region Sunchang hergestellt wird.

Sambal lado mudo | Sardinen mit Chili-Sambal

Dieses Gericht kann mit frischen Sardinen, Sardellen oder Makrelen zubereitet werden, die sich alle leicht vorbereiten und rasch garen lassen und darüber hinaus wegen der in ihnen enthaltenen Omega-3-Fettsäuren sehr gesund sind. Das Sambal schmeckt aber auch zu einem Stück scharf angebratenem Thunfisch. Wichtig ist die Verwendung grüner unreifer Tomaten. Sollten sie nicht erhältlich sein, nimmt man möglichst unreife Tomaten. Die scharfen und sauren Elemente des Sambals sind ein Gegengewicht zu dem fetten Fisch. Wenn Ihr Fischhändler die Fische schuppt und ausnimmt, ist die Zubereitung noch einfacher.

1 Die Schalotten schälen, halbieren und in dünne Scheiben schneiden. Die Limettenblätter mit der Oberseite nach unten auf die Arbeitsfläche legen und mit einem scharfen Messer den hervorstehenden Stiel entfernen, damit die Blätter flach liegen. Die Blätter aufeinanderlegen und fest aufrollen, dann mit einer fließenden Bewegung des Messers in möglichst schmale Streifen schneiden.

2 Für das Sambal in einer schweren Pfanne bei mittlerer bis hoher Temperatur 2 EL Öl erhitzen. Die Schalotten darin 2 Minuten unter Rühren braten, bis sie aromatisch duften und glasig sind. Den Chili, die Tomaten, die Limettenblätter, den Zucker und das Salz hinzufügen und 3 Minuten pfannenrühren, dann den Limettensaft dazugeben und die Pfanne vom Herd nehmen.

3 Eine Bratpfanne oder geriffelte gusseiserne Grillpfanne bei mittlerer bis hoher Temperatur erhitzen und etwas Öl hineingeben. Die Fische salzen und pfeffern und auf jeder Seite 3 Minuten braten, aber nicht übergaren, da sie sonst trocken werden und ihr Aroma verlieren. Die Fische sofort mit dem Sambal servieren und die großartige Komposition der Aromen genießen.

Für 4 Personen

5 Schalotten

2 Kaffirlimettenblätter

2 EL Pflanzenöl plus etwas Öl zum Garen

6 frische grüne Chilischoten, von den Samen befreit und fein gehackt

2 unreife grüne Tomaten, von den Samen befreit und gewürfelt

2 TL Zucker

1 TL Salz

Saft von 2 Limetten

12–16 frische Sardinen, ausgenommen und geschuppt

Frisch gemahlener schwarzer Pfeffer

Passt zu
Pikantes Schweinefleisch nach Nonya-Art (S. 114–115)
Salat mit Erbsen- und Bohnensprossen (S. 140–141)

Cha ca nuong | Nordvietnamesische Fischspießchen

In Hanois Altstadt gab es in der berühmten Cha-Ca-Straße einige Restaurants, die dieses spektakuläre Fischgericht servierten. Am bekanntesten ist das Cha Ca la Vong, das 135 Jahre alt sein soll und in der sechsten Generation in Familienbesitz ist. Dieses Rezept ist eine einfachere Streetfood-Version.

Für 4–6 Personen

500 g Fisch mit festem weißen Fleisch wie Seeteufel, Snapper oder Zackenbarsch

1 Zwiebel, geschält

2 Knoblauchzehen, geschält und fein gehackt

4 cm frischer Ingwer, geschält und fein gehackt

1 frische rote Chilischote, von den Samen befreit und fein gehackt

1 TL gemahlene Kurkuma

5 EL Pflanzenöl

3 EL Fischsauce (vorzugsweise *nuoc mam*)

2 EL Reiswein (Shaoxing-Reiswein, Mirin oder Sake)

4 Frühlingszwiebeln, fein gehackt

½ Bund Dill, verlesen und gehackt

Salz und frisch gemahlener schwarzer Pfeffer

100 g ungeröstete Erdnüsse ohne Haut, ohne Fett goldbraun geröstet und grob zerstoßen, zum Garnieren

Limettenspalten zum Servieren

1 Die Fische säubern und Haut und Gräten entfernen (oder dies vom Fischhändler erledigen lassen). Das Fleisch in 3 cm große Würfel schneiden und in ein Glas- oder Keramikgefäß legen. Die Zwiebel mit der Käsereibe grob reiben. In einer Schüssel die Zwiebel, den Knoblauch, den Ingwer und den Chili vermischen. Die Kurkuma, 2 EL Öl, die Fischsauce und den Reiswein unterrühren. Die Mischung über die Fischwürfel gießen und diese 2–3 Stunden im Kühlschrank marinieren.

2 Für die Kräutermischung zum Bestreichen das restliche Öl bei mittlerer bis hoher Temperatur in einer Pfanne erhitzen. Die Frühlingszwiebeln und den Dill hinzufügen und 2 Minuten braten, bis sie aromatisch duften. Vom Herd nehmen und die Aromen verschmelzen lassen.

3 Eine Handvoll kurze Bambusspieße oder Cocktailspießchen aus Holz mindestens 30 Minuten in kaltes Wasser legen, damit sie später nicht verbrennen. Den Holzkohlengrill oder eine geriffelte gusseiserne Grillpfanne erhitzen. Die marinierten Fischwürfel auf die Spieße stecken und salzen und pfeffern. Die Spieße auf jeder Seite 2 Minuten grillen, dabei zwischendurch mit der Kräutermischung bestreichen. Die fertigen Spieße mit den Erdnüssen bestreuen und mit den Limettenspalten heiß servieren.

Passt zu
Hähnchenfleischtaschen aus Sichuan (S. 100)
Salat von gegrillter Aubergine (S.128–129)

Char siu | Chinesisches Grill-Schweinefleisch

In der chinesischen Küche wird das Schwein – und all die köstlichen Produkte daraus – mehr als jedes andere Tier verehrt und Schweinefleisch grillt man auf vielerlei Weise. Bei besonders würzigen Gerichten wurde Fünfgewürz in die Marinade gegeben. Das folgende Rezept ist einfach und köstlich. Man kann das Fleisch in Salate, Suppen und viele andere Gerichte geben. Zudem verwendet man es für die gedämpften Brötchen auf Seite 101.

Für 4–6 Personen

2 Knoblauchzehen, geschält

1 TL chinesisches Fünfgewürz

3 EL helle Sojasauce

2 EL fermentierter roter Tofu
(in chinesischen Lebensmittelgeschäften erhältlich)

1 EL Hoisin-Sauce

1 EL Zucker

3 EL Shaoxing-Reiswein

600 g Schweinenacken oder
-schulter, in 3–4 cm dicke
Streifen geschnitten

2 EL flüssiger Honig

1 Den Knoblauch zerdrücken und mit dem Fünfgewürz vermischen. Alle übrigen Zutaten mit Ausnahme von Fleisch und Honig dazugeben und untermischen. Das Fleisch in ein flaches Glas- oder Keramikgefäß legen und mit der Marinade bedecken. Mindestens 4 Stunden im Kühlschrank marinieren, zwischendurch einige Male wenden, um sicherzustellen, dass es gut mit Marinade überzogen ist.

2 Den Backofen auf 230 °C vorheizen. Einen tiefen Bräter mit Wasser füllen und ein Gitter daraufsetzen. Das Schweinefleisch auf das Gitter legen und 30 Minuten im Ofen backen, dabei zwischendurch mindestens dreimal mit der restlichen Marinade bestreichen. Kurz vor Ende der Garzeit den Backofengrill auf höchster Stufe vorheizen.

3 Den Bräter vorsichtig aus dem Backofen nehmen. Mit einem Backpinsel den Honig auf die Fleischstreifen streichen. Das Fleisch unter dem Grill karamellisieren, bis es an den Rändern sehr knusprig wird und heiß mit Reis servieren oder in kleinere Stücke geschnitten für pfannengerührte Gerichte oder Suppen verwenden. Man kann auch kleine Portionen als Snack in zarten Salatblättern servieren.

Passt zu
Gedämpfte Gemüserollen
(S. 105)
Fleischbällchensuppe nach
Nonya-Art (S. 113)

Naan | Knoblauch-Koriander-Naan

Diesem Naan kann man nur schwer widerstehen. Das tropfenförmige Brot kommt ursprünglich aus dem Nahen Osten, aber es waren die Punjabis, die es in die Welt hinausbrachten. Traditionell wird es an den Seiten eines Tandoor-Ofens gebacken, wo es wunderbar aufgeht. In einem konventionellen Backofen bleibt das Brot flacher, schmeckt aber trotzdem köstlich.

1 Das Ei, den Zucker, den Joghurt und die Milch glatt verrühren. Mehl, Salz und Natron in eine Schüssel sieben. Die Joghurt-mischung dazugeben und alles zu einem weichen Teig verarbeiten. Wenn er zu steif wirkt, teelöffelweise etwas Wasser hinzufügen. Den Teig 3–4 Minuten kneten, dann das Öl unterkneten, bis es aufgenommen und der Teig weich und elastisch ist. Den Teig in eine Schüssel legen, diese mit einem sauberen Tuch abdecken und den Teig bei Raumtemperatur 30 Minuten ruhen lassen.

2 Den Backofen auf 220 °C vorheizen. Den Knoblauch mit etwas Salz zu einer Paste zerreiben und mit dem Cayennepfeffer, den Korianderblättern und den Frühlingszwiebeln unter die Butter mischen. Die Butter pfeffern.

3 Den Teig in acht Kugeln teilen. Jede Kugel mit etwas Knoblauch-butter bestreichen und so flach drücken, dass ein etwa 5 mm dicker tropfenförmiger Fladen entsteht. Die Fladen 5 Minuten ruhen lassen.

4 Jeweils zwei Fladen auf ein beschichtetes Backblech legen und im Backofen etwa 7 Minuten backen, bis sie goldbraun sind. (Falls gewünscht, können zwei Backbleche gleichzeitig in den Ofen geschoben werden.) Die fertigen Brote warm halten, während die übrigen gebacken werden. Das Brot zu indischen, sri-lankischen oder burmesischen Speisen reichen.

Ergibt 8 Brote

1 Ei

1 TL Zucker

1 EL griechischer Joghurt

125 ml Milch

300 g Mehl

1 Prise Salz

½ TL Natron

2 EL Pflanzenöl

4 Knoblauchzehen, geschält und fein gehackt

½ TL Cayennepfeffer

1 kleines Bund Koriandergrün, Blätter abgezupft

4 Frühlingszwiebeln, fein gehackt

50 g weiche Butter

Frisch gemahlener schwarzer Pfeffer

Passt zu
Auberginendip aus Sri-Lanka (S. 150–151)
Hähnchenfleischspieße mit Safran (S. 172–173)

Sate lilit bebek | Entenfleisch-Sates aus Sumatra

Die Gegend von Padang im Westen Sumatras ist für ihre würzige Küche bekannt. Ihr Reichtum an Gewürzen wie Zimt, Pfeffer, Chilischoten, Kreuzkümmel, Kurkuma, Ingwer, Galgant und Zitronengras war Jahrhunderte umkämpft. Für diese recht ungewöhnlichen Sates nimmt man Enten- und/oder Hähnchenfleisch.

1 Für die Würzpaste Kurkuma, Koriandersamen, Pfefferkörner, Nelken und Muskatnuss im Mörser zu einem Pulver zerreiben. Die Macadamianüsse dazugeben und zerstoßen. Ingwer und Galgant in einer Küchenmaschine zu einer Paste verarbeiten, dann Schalotten, Chili und Knoblauch hinzufügen und alles glatt pürieren. Die zerriebenen Gewürze, den Palmzucker und die Garnelenpaste verrühren, mit den Korianderblättern in die Küchenmaschine geben und untermischen. Das Öl in einem Topf bei mittlerer bis hoher Temperatur erhitzen und die Würzpaste darin etwa 5 Minuten braten, bis sie aromatisch duftet. Zum Abkühlen beiseitestellen.

2 In der Zwischenzeit die übrigen Zutaten vorbereiten. Das Entenfleisch mit dem Salz und dem zerstoßenen schwarzen Pfeffer in die Küchenmaschine geben (die Küchenmaschine muss nicht ausgewaschen werden). Zu einer glatten Masse zerkleinern, dann herausnehmen und mit dem Hähnchenfleisch und der abgekühlten Würzpaste vermischen. Die Limettenblätter mit der Oberseite nach unten auf die Arbeitsfläche legen und mit einem scharfen Messer die Stiele herausschneiden. Die Blätter aufeinanderlegen, fest aufrollen und dann mit einer fließenden Bewegung des Messers in ganz dünne Streifen schneiden. Die Streifen unter die Fleischmasse mischen.

3 Die harten äußeren Blätter der Zitronengrasstängel entfernen. Die Stängel längs halbieren. Jeweils zwei Esslöffel Fleischmasse fest um das untere Ende einer Stängelhälfte drücken. Die Sates auf dem heißen Grill oder in einer geriffelten gusseisernen Grillpfanne auf jeder Seite in 2–3 Minuten goldbraun braten. Sofort servieren. Die Gewürze und das Zitronengras, die Padang berühmt gemacht haben, aromatisieren das Fleisch. Ihre Gäste werden begeistert sein.

Für 6 Personen

Für die Würzpaste

1,5 cm getrocknete Kurkuma oder 1 ½ TL gemahlene Kurkuma

1 EL Koriandersamen

½ TL schwarze Pfefferkörner

2 Gewürznelken

1 Prise geriebene Muskatnuss

8 Macadamianüsse, gehackt

3 cm frischer Ingwer, geschält und fein gehackt

3 cm Galgant, geschält und fein gehackt (falls nicht erhältlich, die Ingwermenge verdoppeln)

12 Schalotten, geschält und in Scheiben geschnitten

3 frische rote Chilischoten, von den Samen befreit und fein gehackt

6 Knoblauchzehen, geschält und in Scheiben geschnitten

2 EL Palmzucker

1 TL Garnelenpaste (vorzugsweise *belachan* oder *kapi*)

1 Handvoll Korianderblätter

2 EL Pflanzenöl

500 g Entenfleisch

1 TL Salz

1 TL zerstoßene schwarze Pfefferkörner

300 g gehacktes Hähnchenfleisch

5 Kaffirlimettenblätter

12–14 Stängel Zitronengras

Bulgogi | Mariniertes Rindfleisch vom Grill

Bulgogi ist wichtiger Bestandteil einer koreanischen Mahlzeit. Hauchdünne Scheiben zartes Fleisch, etwa Roastbeef, werden in einer köstlichen Marinade, die Birne und Sesamöl enthält, eingelegt und dann kurz gegrillt. Dazu serviert man verschiedene Dips, Würzen wie *gimchi* und Gemüsebeilagen.

Für 4 Personen

750 g abgehangenes, schön marmoriertes Rib-Eye-Steak

1 Birne

1 Zwiebel

3 Knoblauchzehen, geschält und fein gehackt

1 Prise Salz

3 EL helle Sojasauce

2 EL Sesamöl

2 TL brauner Zucker

Frisch gemahlener schwarzer Pfeffer

1 EL Reiswein (vorzugsweise Shaoxing-Reiswein)

1 Außenliegendes Fett von dem Fleischstück entfernen, dann das Fleisch in dünne Scheiben schneiden. (Sie können auch Ihren Metzger bitten, dies für Sie zu erledigen.) Die Birne schälen und reiben, mit der Zwiebel ebenso verfahren. Beide vermischen. Den Knoblauch mit 1 Prise Salz im Mörser zu einer Paste zerreiben. Die Sojasauce und das Sesamöl in einer Schüssel vermischen. Den Zucker und die Knoblauchpaste sowie reichlich Pfeffer hinzufügen.

2 Eine Handvoll Birnen-Zwiebel-Püree nehmen und den Saft in eine Schüssel drücken. Den Rest wegwerfen. So fortfahren, bis das Püree aufgebraucht ist. Saft, Rindfleisch und Reiswein in eine große Schüssel geben und die Flüssigkeit 2 Minuten in das Fleisch massieren. Die zuvor zubereitete Marinade darübergießen und das Fleisch abgedeckt 3 Stunden im Kühlschrank marinieren.

3 Eine große Pfanne oder eine geriffelte gusseiserne Grillpfanne bei hoher Temperatur erhitzen. Die Fleischscheiben abtropfen lassen und ohne Fett auf jeder Seite 1 Minute scharf anbraten. Mit Gemüsebeilagen wie würzigem *gimchi* servieren. Das Fleisch schmeckt süß, sauer und salzig. Wenn es mit einem scharfen Dressing wie etwa dem für die Brasse von Seite 143 serviert wird, sind die Hauptaromen ausgewogen.

Passt zu
Scharf eingelegter Kohl aus Korea (S. 164)
Gebratene Auberginen mit geröstetem Sesam (S. 178)

Knusprig und **scharf**

Viele asiatische Speisen sind wie gemacht, um gemeinsam mit anderen verzehrt zu werden, unabhängig von ihrer Herkunft. Sei es eine Mahlzeit am Tisch mit zahlreichen Gängen oder ein zwangloser Abend mit Getränken und Häppchen. Was nicht heißt, dass asiatische Speisen nicht auch zu jeder anderen Tageszeit großartige Snacks sind. Die Speisen in diesem Kapitel reichen von Fingerfood wie dampfend heißen frittierten Snacks, ausgebackenen Meeresfrüchten und verlockenden Pfannkuchen bis zu Sambals, Fischküchlein und Teigtaschen, die für ein Feuerwerk an Würze und Schärfe sorgen.

Vadai | Würzige Kichererbsenringe aus Kerala

Diese frittierten Teigringe aus Kerala im Süden Indiens haben eine ähnliche Konsistenz wie Falafel. Bei der Zubereitung formt man einen Ring. Dadurch gelangt die Hitze beim Frittieren sofort in die Mitte, und die Ringe werden außen knusprig und bleiben innen leicht und locker.

Für 6 Personen

200 g Urad dal (halbe Urdbohnen)

1 EL Pflanzenöl plus Öl zum Frittieren

2 Knoblauchzehen, geschält und fein gehackt

2 grüne Chilischoten, von den Samen befreit und fein gehackt

2 mittelgroße Zwiebeln, geschält und fein gehackt

10 Curryblätter (frisch oder getrocknet)

300 g gegarte Kichererbsen, abgespült und abgetropft

1 kleines Bund Koriandergrün, Blätter abgezupft

100 g Reismehl

1½ TL Garam masala

½ TL Currypulver (selbst gemacht oder eine indische Mischung)

½ TL gemahlener Asant

½ TL Backpulver

Salz und frisch gemahlener schwarzer Pfeffer

Limetten- oder Zitronenspalten zum Servieren

Passt zu
Reismehl-Pfannkuchen (S. 81)
Möhren-Pachadi (S. 162–163)
Kartoffeln mit Kurkuma und Senfkörnern (S. 174–175)

1 Die Urdbohnen in einer Schüssel mit kaltem Wasser bedecken und 1–1½ Stunden einweichen. Abtropfen lassen und mit frischem kaltem Wasser bedecken. Sollten noch die schwarzen Samenschalen vorhanden sein, die Bohnen im Wasser zwischen den Händen reiben – etwa so, als würde man sich die Hände waschen. An die Oberfläche steigende Schalen abschöpfen und wegwerfen. Die Bohnen wieder abtropfen lassen und mit frischem Wasser bedecken. Diese Prozedur mehrmals wiederholen, dann die Urdbohnen vollständig abtropfen lassen. Es müssen nicht alle Schalen entfernt sein, aber der größte Teil. (Bohnen ohne Schalen lediglich einweichen und abspülen.)

2 Den Esslöffel Öl in einem Topf mit schwerem Boden bei mittlerer bis hoher Temperatur erhitzen. Knoblauch und Chili darin 2 Minuten braten, bis sie aromatisch duften. Zwiebeln und Curryblätter dazugeben und 4–5 Minuten braten, bis sie weich sind, vom Herd nehmen.

3 Die abgetropften Bohnen, die Kichererbsen, die Zwiebelmischung und die Hälfte des Korianders in einer Küchenmaschine zu einer fast glatten Paste verarbeiten. In eine Schüssel füllen. Reismehl, Garam masala, Currypulver, Asant, Backpulver und den restlichen, grob gehackten Koriander untermischen. Die Masse salzen und pfeffern, zu kleinen Kugeln von etwa 3,5 cm Durchmesser formen und diese etwas abflachen. Mit dem kleinen Finger in die Mitte jeder Kugel ein Loch drücken, sodass Ringe entstehen.

4 In der Fritteuse oder einem großen Topf mit schwerem Boden bei mittlerer bis hoher Temperatur Öl zum Frittieren auf 180 °C erhitzen. Etwas von der Masse hineingeben – sie sollte sofort zu brutzeln beginnen. Die Ringe in kleinen Portionen 2–3 Minuten goldbraun frittieren und heiß mit Zitronen- oder Limettenspalten servieren.

Frittierte Kalmarblüten mit Ingwer und Gewürzen

Kalmar, Garnelen und andere süßlich schmeckende Meeresfrüchte bieten sich geradezu an, in einem scharfen, salzigen Mantel frittiert zu werden. Ideal dafür sind Salz und Pfeffer, Salz und Chili oder eine Mischung aus zerstoßenem Pfeffer, getrocknetem Chili und Sichuan-Pfeffer. Hier ist die knusprige Hülle eine Schicht voller Aromen.

Für 4–6 Personen

500 g Kalmar

5 cm frischer Ingwer, geschält und gehackt

1 EL Shaoxing-Reiswein

Pflanzenöl zum Frittieren

2 TL Würzmischung (siehe unten)

Grob gehackte frische Korianderblätter zum Garnieren

Zitronen- oder Limettenspalten zum Servieren

Für die Würzmischung

1 EL Salz

2 TL gemahlener Sichuan-Pfeffer

1 TL zerstoßene getrocknete rote Chilischoten

1 TL chinesisches Fünfgewürz

Passt zu
Pfefferfleisch nach Art Sichuans (S. 170–171)
Gebratene Auberginen mit geröstetem Sesam (S. 178)

1 Die Zutaten für die Würzmischung vermengen und in einer kleinen Pfanne bei mittlerer Temperatur ohne Fett 2–3 Minuten rösten, bis sie aromatisch duften. Beiseitestellen.

2 Die Arme der Kalmare aus dem Körperbeutel herausziehen und so vom Kopf abschneiden, dass sie verbunden bleiben. Die Flossen mitsamt der Außenhaut vom Körper abziehen und wegwerfen. Mit einem scharfen Messer die Mäntel vorsichtig aufschneiden und das transparente Fischbein sowie die gallertartigen Innereien vorsichtig herausschaben; wegwerfen. Die Tentakel greifen, umstülpen und mit Daumen und Zeigefinger das Kauwerkzeug herausdrücken und wegwerfen. Mäntel und Arme unter fließendem kaltem Wasser waschen und mit Küchenpapier trocken tupfen.

3 Die Kalmare innen rautenförmig einritzen, dann in 3 mal 5 cm große Stücke teilen. Die Stücke 30 Sekunden in kochendem Wasser blanchieren. Sie rollen sich dabei auf, und das Muster öffnet sich wie eine Blume. Mit dem Schaumlöffel herausheben und in kaltem Wasser abschrecken. Mit Küchenpapier trocken tupfen. Den Ingwer im Mörser zerstoßen. In der Hand über einer Schüssel den Saft ausdrücken, die Fasern wegwerfen. Die Kalmare mit dem Reiswein unter den Saft mischen und 30 Minuten im Kühlschrank marinieren.

4 Den Wok zu einem Viertel mit Öl füllen und erhitzen. (Ein Stückchen Brot sollte darin in etwa 15 Sekunden bräunen.) Die Kalmare mit 2 TL Würzmischung würzen (restliche Mischung in einem Glas mit Schraubverschluss aufbewahren) und dann 40 Sekunden im Öl frittieren. Mit dem Schaumlöffel herausheben und auf Küchenpapier gut abtropfen lassen. Die Kalmarblüten mit Koriander garnieren und mit Zitronen- oder Limettenspalten servieren.

Pa jeon | Frühlingszwiebel-Pfannkuchen

Wie viele Gerichte der asiatischen Küche, bei denen die Zutaten für sich selbst sprechen, ist auch dieser Pfannkuchen hinreißend einfach. Hier handelt es sich um eine vegetarische Variante, traditionell werden aber oft Krusten- oder Schalentiere hinzugefügt. Dazu passt ausgezeichnet ein Ingwer-Sesam-Dip.

1 Die drei Mehlsorten in einer Schüssel vermischen. Zuerst die Eier und dann 200 ml Wasser unterschlagen, um einen glatten Teig mit der Konsistenz von Crème double herzustellen. Mit dem Salz und etwas Pfeffer würzen. Den Ingwer in dünne Scheiben schneiden und diese aufeinandergelegt wiederum in schmale Streifen. Den Ingwer, die Frühlingszwiebeln und den Chili (und nach Belieben Krusten- oder Schalentiere) in den Teig geben.

2 Eine Brat- oder Omelettpfanne bei mittlerer bis hoher Temperatur erhitzen. 2 EL Öl hineingeben und darin schwenken. Überschüssiges Öl in eine Tasse gießen und für den nächsten Pfannkuchen verwenden. Eine kleine Kelle Teig in die Pfanne geben und zu einem dünnen, etwa 10 cm großen Pfannkuchen verteilen. Etwa 2 Minuten braten, bis die Unterseite gebräunt ist, dann wenden und weitere 2 Minuten garen. So fortfahren, bis der Teig aufgebraucht ist. Die Pfannkuchen sofort mit dem Ingwer-Sesam-Dip servieren.

Ingwer-Sesam-Dip Dieser Dip schmeckt zu *pa jeon*, die meist mit Frühlingszwiebeln und Austern zubereitet werden, köstlich, kann aber auch als Salatdressing oder als Sauce für Fisch, Krusten- und Schalentiere, etwa rohe Austern, gegrillte Garnelen, Jakobsmuscheln und gedämpfte Miesmuscheln oder Krebse, verwendet werden. Im Mörser 2 geschälte Knoblauchzehen mit ½ TL roten Chiliflocken, ½ TL Salz und ½ TL Zucker zu einer glatten Paste zerreiben. In eine Schüssel geben und 4 EL helle Sojasauce, 1 EL Reisessig, 1 EL Sesamöl und 2 EL Pflanzenöl hinzufügen. 2 TL Sesam ohne Fett in einer Pfanne goldbraun rösten. Noch warm im Mörser zu einer groben Paste zerreiben, in den Dip rühren und diesen abschmecken.

Für 4–6 Personen

40 g Klebreismehl

40 g Reismehl

40 g Weizenmehl

2 Eier, leicht verquirlt

1 TL Salz

Frisch gemahlener schwarzer Pfeffer

4 cm frischer Ingwer, geschält

8 Frühlingszwiebeln, in 3 cm lange Stücke geschnitten

1 frische rote Chilischote, von den Samen befreit und in feine Streifen geschnitten

Etwa 2 EL Pflanzenöl

Ingwer-Sesam-Dip (unten) zum Servieren

Passt zu
Teigtaschen mit Pilzfüllung (S. 106–107)
Garnelensalat mit Limettenblättern (S. 123)

Aloo puri | Frittiertes Kartoffelbrot

Diese indischen *puri* sind sehr leicht und gehen so großartig auf, dass jeder glaubt, Sie hätten gezaubert. Dabei ist die Zubereitung nicht schwierig. Sie ähnelt der von *chapatti*, jedoch werden *puri* frittiert. Das Geheimnis besteht darin, heißes Öl auf die Oberfläche zu schöpfen, während die Unterseite im Öl brutzelt.

Ergibt etwa 30 kleine oder 15 große *puri*

250 g mehligkochende Kartoffeln, geschält und in Stücke gleicher Größe geschnitten

2 TL Salz

300 g Mehl

2 EL zerlassene Butter

Pflanzenöl zum Frittieren

1 Die Kartoffeln in einen Topf geben, mit reichlich kaltem Wasser bedecken und 1 TL Salz hinzufügen. Das Wasser erhitzen und die Kartoffeln darin 10–12 Minuten köcheln lassen, bis sie weich sind. Abgießen, wieder in den Topf geben und bei schwacher Hitze 2–3 Minuten abtrocknen lassen. Zerstampfen und abkühlen lassen.

2 Das Mehl mit 1 TL Salz in eine Schüssel sieben. Die zerstampften Kartoffeln untermischen und in die Mitte eine kleine Mulde drücken. Nach und nach die Butter und etwa 100 ml warmes Wasser unterrühren, bis ein fester Teig entstanden ist. Hände und die saubere Arbeitsfläche dünn mit Mehl bestäuben und den Teig 10 Minuten sorgfältig kneten, bis er weich und elastisch ist. Den Teig zugedeckt 30 Minuten ruhen lassen. (Der Teig kann auch, sofern er gut abgedeckt ist, für einige Stunden im Kühlschrank aufbewahrt werden, die Brote gehen aber besser auf, wenn er nur 30 Minuten ruht.)

3 Aus dem Teig 30 kleine oder 15 größere Kugeln formen und jede Kugel mit den Händen zu einem Kreis flach drücken. Die Kreise 2–5 mm dick ausrollen.

4 In einem Topf ausreichend Öl zum Frittieren bei hoher Temperatur erhitzen. Jeweils ein oder zwei *puri* gleichzeitig hineinlegen – der Topf darf nicht zu voll sein. Sofort Öl auf den Teig schöpfen, damit er aufgeht. Wenn die Unterseite goldbraun ist, die *puri* umdrehen und noch kurz frittieren, bis auch die andere Seite goldbraun ist. Auf Küchenpapier abtropfen lassen. So fortfahren, bis alle *puri* ausgebacken sind. Heiß mit einem Gemüsecurry oder etwas Ähnlichem servieren.

Passt zu
Gebratenes Rindfleisch mit Zwiebel-Chili-Relish (S. 33)
Tomaten-Chutney mit grünen Chilis (S. 179)

Kabak mücveri | Türkische Zucchiniküchlein

Istanbul ist eine außergewöhnliche Stadt voller Kontraste. Da es sowohl in Asien als auch in Europa liegt, verbinden sich hier Zutaten, Küchen und Kulturen aufs Beste, was die Kombination von mediterranen Kräutern wie Minze und Dill mit Gewürzen wie Cayennepfeffer und Kreuzkümmel illustriert. Die Küchlein sind süß, durch den Käse salzig und durch die Gewürze scharf. Wenn man noch etwas frisch gepressten Zitronensaft darüberträufelt, ist die Aromenkombination perfekt.

Für 4 Personen

500 g Zucchini

2 EL Olivenöl

1 große Zwiebel, geschält und fein gehackt

1 Knoblauchzehe, geschält und fein gehackt

½ TL Cayennepfeffer

½ TL gemahlener Kreuzkümmel

3 Eier

3 EL Mehl

30 frische Minzeblätter

3 Stängel Dill, Blätter abgezupft

200 g Beyaz peynir (in Lake eingelegter türkischer Käse) oder Feta, in kleine Stücke gebrochen

Etwas Pflanzenöl

Salz und frisch gemahlener schwarzer Pfeffer

Zitronenspalten zum Servieren

Passt zu
Teigtaschen mit Lamm-fleischfüllung (S. 74)
Würziges Aprikosen-Chutney (S.160–161)

1 Die Zucchini der Länge nach in etwa 1 cm dicke Scheiben schneiden, die Scheiben in 1 cm breite Streifen und die Streifen aufeinanderlegt in 1 cm große Würfel.

2 Das Olivenöl in einer Pfanne mit schwerem Boden bei mittlerer bis hoher Temperatur erhitzen und die Zwiebel darin 4 Minuten anschwitzen, bis sie weich ist. Die Zwiebel zur Seite schieben, um etwas Platz in der Pfanne zu machen. Den Knoblauch, den Cayenne-pfeffer und den Kreuzkümmel in die Pfanne geben und 1–2 Minuten garen, bis alles aromatisch duftet, dann mit der Zwiebel vermischen. Die Zucchiniwürfel hinzufügen und 2–3 Minuten sautieren. Die Mischung salzen und pfeffern (nicht zu viel Salz verwenden, da der Käse salzig ist). Abkühlen lassen.

3 Die Eier in einer großen Schüssel verquirlen, dann das Mehl gründlich unterrühren. Die frischen Kräuter zerzupft in den Teig geben und den Käse unterziehen. Die Zucchini-Mischung unterheben.

4 In einer Pfanne bei mittlerer bis hoher Temperatur so viel Öl erhitzen, dass der Boden damit überzogen ist. Aus jeweils einer halben Kelle Teig mehrere Küchlein gleichzeitig in die Pfanne geben. Die Küchlein etwa 2 Minuten braten, bis die Unterseite goldbraun ist, dann wenden und weitere 2 Minuten garen. Auf Küchenpapier abtropfen lassen und mit Zitronenspalten zum Beträufeln servieren.

Rempeyek kacang | Knusprige Erdnusswaffeln

In Indonesien enthalten diese köstlich würzigen Waffeln Kokosmilch, Erdnüsse und Lichtnüsse. Letztere werden in der indonesischen Küche häufig verwendet. Bei uns sind sie nicht so leicht zu bekommen, aber sie ähneln in Geschmack und Konsistenz Macadamianüssen, die ein sehr guter Ersatz sind. Sind auch sie nicht erhältlich, verwendet man Cashewkerne. Die Waffeln können für sich oder als Beilage zu Reis- und Gemüsegerichten wie dem berühmten *gado gado*, einem Salat aus rohem und gegartem Gemüse mit einer Erdnusssauce, gegessen werden.

1 Die Erdnüsse auf einem Backblech verteilen und bei 180 °C im Backofen 4–5 Minuten rösten, bis sie hell goldbraun sind. Zum Abkühlen beiseitestellen.

2 Für die Würzpaste den Knoblauch, die Koriandersamen und das Salz im Mörser zu einer Paste zerreiben. Die Licht- oder Macadamianüsse und Limettenblattstreifen hinzufügen und zerstoßen. Zum Schluss die Korianderblätter und schwarzen Pfeffer dazugeben und alles zu einer glatten Paste zerreiben.

3 Beide Mehle und die Kurkuma in eine Schüssel sieben und die Kokosmilch unterrühren, sodass ein Teig entsteht. Die gerösteten Erdnüsse sorgfältig unterziehen. Den Teig probieren und eventuell noch salzen und pfeffern.

4 Einen hohen Topf mit schwerem Boden bei mittlerer bis hoher Temperatur erhitzen und das Pflanzenöl hineingeben. Ein wenig Teig hineingeben, um zu testen, ob das Öl heiß genug ist – er sollte sofort zu brutzeln beginnen. Vorsichtig einen Esslöffel Teig nach dem anderen in das heiße Öl geben und die Waffeln portionsweise 2–3 Minuten frittieren, bis sie knusprig und goldbraun sind. Auf Küchenpapier abtropfen lassen. Heiß oder warm servieren.

Für 6–8 Personen

200 g ungeröstete Erdnüsse ohne Haut

100 g Weizenmehl

150 g Reismehl

1 TL gemahlene Kurkuma

200 ml Kokosmilch

200 ml Pflanzenöl zum Frittieren

Salz und frisch gemahlener schwarzer Pfeffer

Für die Würzpaste

2 Knoblauchzehen, geschält

1 EL Koriandersamen

1 TL Salz

2 EL Lichtnüsse oder Macadamianüsse, gehackt

4 Kaffirlimettenblätter, in Streifen geschnitten

1 kleine Handvoll frische Korianderblätter

Passt zu
Gebratener Reis indonesische Art (S. 32)
Knackiger Kohlsalat mit Erdnüssen (S. 134–135)

Zard choba pakora | Pakoras von Kartoffeln und Blumenkohl

Pakoras sind köstliche, einfache Snacks, die man im Norden Indiens, in Pakistan, in Afghanistan und in anderen Ländern Zentralasiens isst. Diese feurigen Snacks machen süchtig und verbinden Würze mit Salz und der Süße des Gemüses. Mit einer Zitronen- oder Limettenspalte serviert sind die Aromen dieses Snacks vollkommen ausgewogen.

1 Die gemahlenen Koriandersamen, die Kurkuma, den Kreuzkümmel und die Chiliflocken vermischen. Aus dem Kichererbsenmehl und 200 ml Wasser einen glatten Teig herstellen. Den Teig mit dem Salz und schwarzem Pfeffer würzen und 20 Minuten ruhen lassen.

2 In der Zwischenzeit die Kartoffeln in einen Topf geben und mit reichlich kaltem Salzwasser bedecken. Das Wasser zum Kochen bringen und die Kartoffeln 10–12 Minuten köcheln lassen. Von der Kochstelle nehmen und abgießen, dann abtropfen und abkühlen lassen. Die Blumenkohlröschen 3 Minuten in kochendem Wasser garen, bis sie weich sind, aber noch Biss haben. Abgießen, dann abtropfen und abkühlen lassen.

3 Die Gewürze und den gehackten Koriander unter den Teig mischen. Die abgekühlten Kartoffeln schälen und in 4 mm dicke Scheiben schneiden. Das Öl zum Frittieren in einem großen Topf mit schwerem Boden erhitzen. Die Kartoffelscheiben in den Teig tauchen, sodass sie rundherum damit überzogen sind, dann in kleinen Portionen in dem heißen Öl frittieren. (Nicht zu viele Stücke gleichzeitig hineingeben, weil sonst die Temperatur des Öls zu stark absinkt.) Wenn die Pakoras gar sind, steigen sie an die Oberfläche. Auf Küchenpapier abtropfen lassen, dann die Blumenkohlröschen auf die gleiche Weise in den Teig tauchen und goldbraun frittieren. Die Pakoras mit Salz bestreuen und heiß mit Zitronen- oder Limettenspalten oder mit einem Koriander- oder Kokosnuss-Chutney (siehe S. 16 und 133) servieren.

Für 4–6 Personen

- 2 TL grob gemahlene Koriandersamen
- 1 TL gemahlene Kurkuma
- ½ TL gemahlener Kreuzkümmel
- ½ TL rote Chiliflocken
- 175 g Gram-Mehl (indisches Kichererbsenmehl)
- 2 TL Salz
- 4 große Kartoffeln, abgebürstet, aber nicht geschält
- ½ Blumenkohl, in Röschen gleicher Größe zerteilt
- 30 frische Korianderblätter, grob gehackt
- Pflanzenöl zum Frittieren
- Frisch gemahlener schwarzer Pfeffer
- Zitronen- oder Limettenspalten zum Servieren

Passt zu
Türkische Zucchiniküchlein (S. 64)
Frisches Kokosnuss-Chutney (S. 133)

Currypasten und Gewürzmischungen

Das Wort »Curry« soll seinen Ursprung in dem tamilischen Wort *kari* haben, das »Sauce« bedeutet. Auf dem riesigen asiatischen Kontinent verstehen verschiedene Menschen unter Curry unterschiedliche Dinge. Viele Currys enthalten frische oder getrocknete Chilischoten, die aber erst nach Südost- und Südasien kamen, nachdem die Portugiesen im 16. Jahrhundert Südamerika erreicht hatten. Davor verliehen Zutaten wie frischer Ingwer, Knoblauch sowie schwarzer und weißer Pfeffer Gerichten Schärfe.

Ein erblühender Gewürzhandel

Schon seit vielen Jahrhunderten pflegen Europa und der Osten den Gewürzhandel. Im Römischen Reich verwendeten Köche schwarzen Pfeffer, Ingwer und Kreuzkümmel, die über die Seidenstraße aus Asien kamen. Ab dem 11. Jahrhundert trafen die Europäer

»Eroberungen, Glaube, Handel und Migration über viele Jahrhunderte hinweg bewirkten, dass sich Currys in Asien und darüber hinaus verbreiteten. Es sind die Gewürze und Gewürzmischungen, die jedes Curry jeder Region so einzigartig machen.«

während der Kreuzzüge immer öfter auf die Kulturen Arabiens, Persiens und des Nahen Ostens, wodurch der Gewürzhandel deutlich zunahm. Eroberungen, Glaube, Handel und Migration über viele Jahrhunderte bewirkten, dass sich Currys in Asien und darüber hinaus verbreiteten. Es sind die Gewürze und Gewürzmischungen, die jedes Curry jeder Region so einzigartig machen.

Gewürzmischungen

In Asien gibt es unzählige Gewürzmischungen, die am besten aus ganzen Gewürzen frisch zubereitet werden. Drei besondere Mischungen sind Indiens Garam masala, das in China und Vietnam verwendete Fünfgewürz und das japanische Siebengewürz oder *shichimi togarashi*.

Garam masala ist eine Mischung aus bis zu 15 Gewürzen, die für zahlreiche Gerichte von Currys bis hin zu Chutneys verwendet wird. *Garam* bedeutet »scharf«, und häufig wird Garam masala anstelle von Chili verwendet. Meist enthält es schwarzen Pfeffer, Kreuzkümmel, Kardamom, Nelken, Lorbeerblätter, Koriandersamen, Zimt, Muskatnuss und Muskatblüte. Jeder Koch und jeder Gewürzhändler hat seine

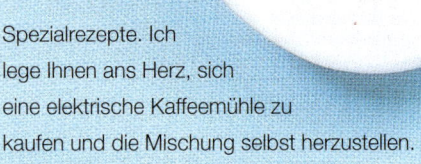

Shichimi togarashi

Spezialrezepte. Ich lege Ihnen ans Herz, sich eine elektrische Kaffeemühle zu kaufen und die Mischung selbst herzustellen.

Fünfgewürz spielt sowohl in der Medizin als auch in der Küche eine wichtige Rolle. Meist besteht es aus Sternanis, Zimt, Nelken, Fenchel und Sichuan-Pfeffer, und sein typisches Aroma

Curryblätter

Rote Curry-paste

Garam masala

Grüne Curry-paste

Thailändische Currypasten

In Thailand bilden intensiv riechende Pasten, die aus gehackten, gemahlenen und zerriebenen frischen Kräutern und Gewürzen hergestellt werden, die klassische Basis für Currys. Diese Currypasten werden *kaeng* genannt. Die Rezepte variieren von Region zu Region und die Pasten haben die unterschiedlichsten Namen. Rote Currypaste, *kaeng daeng* (rotes Curry) oder *kaeng phet* (scharfes Curry), dient oft als würzige Grundlage. Grüne Currypaste, *kaeng kwio waan*, verdankt ihre Schärfe, die variiert, grünen Chilischoten. Meist riecht sie intensiver als rote Currypaste und enthält reichlich Zitronengras, Limettenblätter oder frische Korianderwurzeln.

Beim Garen sollten die Schärfe der Chilischoten, die Süße von Kokosmilch und Palmzucker, die Säure von Zitronengras, Limettenblättern, frischem Limettensaft und Tamarindensaft und der Salzgeschmack von Fisch- oder Sojasauce eine ausgewogene Harmonie bilden.

beschwört Bilder von bunten Märkten und köstlichem Essen herauf.

Das japanische *shichimi togarashi* oder Siebengewürz enthält getrocknete Chiliflocken und Sansho-Pfeffer, der aus getrockneten Beeren einer japanischen Gelbwurz-Art hergestellt wird. Hinzu kommen getrocknete Mandarinenschale, schwarze Hanfsamen, weißer Sesam, weißer Mohn und Noriflocken (Seetang).

Curryblätter

Die Blätter des kleinen Baums *Murraya koenigii* (in Süd- und Südostasien heimisch) werden im südlichen Indien, in Sri Lanka, im nördlichen Thailand wie auch in Teilen Malaysias und Indonesiens verwendet. Curryblätter sind frisch am besten, man kann aber auch getrocknete Blätter verwenden. Frische Curryblätter können auf Vorrat gekauft und im Tiefkühlschrank gelagert werden. Sie verleihen Gerichten einen nussigen, bitteren Geschmack und duften nach Curry. Wie Lorbeerblätter dienen sie zum Aromatisieren, nicht zum Verzehr.

Tod man khao phad | Maisküchlein mit Curry

Ich aß diese Maisküchlein erstmals auf einem Nachtmarkt im Süden Thailands. Sie kamen geradewegs aus dem heißen Öl, und ich ließ sie mir schmecken, während ich umherging. Im Handumdrehen war die Tüte leer. Da tauchte ein Junge von dem Stand, an dem ich gewesen war, mit einem Bauchladen auf und pries im Singsang seine Waren an. Ich kaufte eine weitere Tüte und setzte meinen Weg fort. Die Küchlein schmecken besonders gut mit frischem Mais zubereitet, der wunderbar süß und knackig ist. Durch die Currypaste im Teig ist dies ein umwerfender Snack, der alle Geschmacksknospen stimuliert.

Für 4–6 Personen

4 Maiskolben

4 EL Weizenmehl

4 EL Reismehl

2 EL rote oder grüne
  Thai-Currypaste

1 EL Fischsauce
  (vorzugsweise *nam pla*)

1 EL helle Sojasauce

2 große Eier

1 Prise Salz

4 Frühlingszwiebeln, fein gehackt

1 Handvoll frische Thai-
  Basilikumblätter oder frische
  Korianderblätter, grob gehackt

Pflanzenöl zum Braten

Frisch gemahlener schwarzer
  Pfeffer

Passt zu
Marinierter Thunfisch mit
Ingwer (S. 120–121)
Rindfleisch mit Tamarinde und
Erdnüssen (S. 180–181)

1 Mit einem scharfen Messer die Maiskörner von den Kolben abschneiden. Am unteren Ende nicht zu viel abschneiden, da hier die Körner härter sind. Beide Mehle, die Currypaste, die Fischsauce, die Sojasauce, die Eier und das Salz in einer großen Rührschüssel vermischen, dann mit Pfeffer würzen. Die Maiskörner, die Frühlingszwiebeln und das Basilikum oder den Koriander unter den Teig rühren. Sollte der Teig ein wenig trocken sein, vorsichtig 1–2 EL Wasser dazugeben – gerade so viel, dass der Teig dickflüssig ist.

2 In einer großen schweren Pfanne bei mittlerer bis hoher Temperatur genügend Öl zum Braten erhitzen. Zum Prüfen der Temperatur etwas Teig in das Öl geben – er sollte sofort zu brutzeln beginnen. Einen Esslöffel Teig behutsam in das heiße Öl setzen und mit dem Rücken des Löffels flach drücken, sodass ein Küchlein entsteht. Weiteren Teig in die Pfanne geben, aber immer nur wenige Küchlein gleichzeitig braten, damit die Temperatur des Öls nicht absinkt. Die Küchlein auf jeder Seite 2–3 Minuten braten, bis sie goldbraun sind und duften. Mit dem Schaumlöffel zum Abtropfen auf Küchenpapier heben.

3 Die Küchlein heiß oder raumtemperiert servieren, dazu Limettenspalten oder einen sauren Dip mit Limettensaft und Reisessig (siehe S. 38) reichen. Die Säure bringt die scharfen, süßen und salzigen Aromen wunderbar ins Gleichgewicht.

Chun juan | Frühlingsrollen mit Garnelen

Als Snacks (*dim sum*) gegessene Frühlingsrollen sind klein und zart. Sie sollten nicht länger als der Zeigefinger eines Mannes sein und etwa doppelt so dick. Die Füllung kann man je nachdem, was zur Verfügung steht, variieren. Möglich wäre eine Mischung aus Meeresfrüchten wie Garnelen, Krebsfleisch und Jakobsmuscheln, abgeschmeckt mit Gewürzen und Chili oder eher mit Kräutern.

1 Die Nudeln mit kochendem Wasser übergießen und quellen lassen, bis sie weich sind. Abgießen, abtropfen lassen und in 1–1,5 cm lange Stücke schneiden. Die Garnelen- und Nudelstücke mischen, dann das Sesamöl, die Sojasauce und den Zitronensaft hinzufügen. Großzügig salzen und pfeffern. Den Schnittlauch und die Frühlingszwiebeln dazugeben. Minze- und Korianderblätter zerzupfen und untermischen.

2 Reispapierblätter brechen sehr leicht und müssen behutsam gehandhabt werden. Eine große Schüssel mit handwarmem Wasser füllen. Ein feuchtes sauberes Küchenhandtuch auf die Arbeitsfläche legen. Ein Reispapierblatt einige Sekunden in das warme Wasser tauchen, damit es weich wird. Vorsichtig das Wasser abschütteln und das Blatt auf das Tuch legen. Mit fünf weiteren Blättern ebenso verfahren. Nun auf jedes Blatt nahe am unteren Rand einen Esslöffel Füllung setzen.

3 Zuerst die linke und dann die rechte Blattseite über die Füllung klappen und nun die Blätter von unten fest um die Füllung herum aufrollen. Die Rollen sollten etwa 8 cm lang und kompakt sein, weil sie andernfalls beim Frittieren zerfallen oder aufplatzen. Die fertigen Rollen auf einen Teller legen und so fortfahren, bis die Füllung aufgebraucht ist. Die Rollen können bis zu 4 Stunden im Voraus vorbereitet und abgedeckt im Kühlschrank aufbewahrt werden.

4 Das Öl im Wok oder einer tiefen Pfanne bei mittlerer bis hoher Temperatur erhitzen und die Frühlingsrollen in kleinen Portionen – anfangs kleben sie leicht zusammen – etwa 4 Minuten frittieren, bis sie goldbraun sind. Auf Küchenpapier abtropfen lassen und die sehr aromatischen und saftigen Rollen heiß servieren.

Ergibt 16 Frühlingsrollen

120 g Reis-Fadennudeln (Vermicelli)

300 g gegarte Garnelen, geschält und nach Entfernen der Därme in jeweils 3 Stücke geschnitten

1 EL Sesamöl

1 EL helle Sojasauce

Saft von ½ Zitrone

½ Bund frischer Schnittlauch, fein gehackt

4 Frühlingszwiebeln, fein gehackt

30 frische Minzeblätter

1 Handvoll Koriandergrün, Blätter abgezupft

1 Paket Reispapierblätter (in Asienläden erhältlich)

400 ml Pflanzenöl zum Frittieren

Salz und frisch gemahlener schwarzer Pfeffer

Passt zu
Sesam-Ingwer-Vinaigrette (S. 98)
Gedämpfte Grillfleischbrötchen (S. 101)

Murtabak | Teigtaschen mit Lammfleischfüllung

Es ist ein großartiger Anblick, wenn diese fantastischen Teigtaschen in Singapur zubereitet werden. Die Köche drehen den Teig, bis er fast durchsichtig ist. Die Füllungen reichen von Ei und Zwiebel bis zu dieser pikanten Variante; es passen auch Erbsen und andere Hülsenfrüchte.

Für 6 Personen

Für den Teig

200 g Mehl

1 TL Zucker

½ TL Salz

2 EL weiche Butter

60 ml Milch

Für die Füllung

2 EL Öl

2 Zwiebeln, geschält und fein gehackt

2 Knoblauchzehen, geschält und fein gehackt

2 cm frischer Ingwer, geschält und fein gehackt

½ TL gemahlene Kurkuma

½ TL Chilipulver

2 TL Garam masala

2 EL gemahlener Kreuzkümmel

300 g mageres Lammhackfleisch

1 frische grüne Chilischote, von den Samen befreit und fein gehackt

1 kleines Bund Koriandergrün, Blätter abgezupft und grob gehackt

3 Eier, verquirlt

1 EL Pflanzenöl oder zerlassene Butter zum Garen

Salz und frisch gemahlener schwarzer Pfeffer

1 Das Mehl, den Zucker und das Salz in einer Schüssel vermischen. Die Butter mit den Fingerspitzen einarbeiten, dann die Milch und 60 ml warmes Wasser dazugeben und einen weichen Teig herstellen. Den Teig auf der dünn bemehlten Arbeitsfläche 10 Minuten kneten, bis er elastisch ist. Sechs Kugeln daraus formen, diese dünn einölen und in einer eingeölten Schüssel abgedeckt 1 Stunde ruhen lassen.

2 Für die Füllung das Öl in einer schweren Pfanne bei mittlerer bis hoher Temperatur erhitzen. Die Hälfte der Zwiebeln darin in 4–5 Minuten weich braten. Den Knoblauch und den Ingwer hinzufügen und 1 Minute sautieren, dann die getrockneten Gewürze 1 Minute mitgaren, bis sie aromatisch duften. Das Fleisch hinzufügen, großzügig salzen und pfeffern und etwa 5 Minuten pfannenrühren, bis es gebräunt ist. Die Masse in eine flache Schüssel füllen und abkühlen lassen, dann die restlichen Zwiebeln, den Chili und den Koriander untermischen, alles abschmecken und in sechs Portionen teilen.

3 Die Arbeitsfläche dünn einölen. Je eine Teigkugel darauf mit der Hand flach drücken, dann mit dem eingeölten Nudelholz und den Fingern behutsam zu einem Kreis von etwa 30 cm Durchmesser auseinanderziehen. Etwas Ei auf dem Kreis verteilen und eine Portion Füllung in die Mitte setzen. Die Seiten über die Füllung klappen und den Teig um die Füllung zu einem rechteckigen Päckchen falten.

4 Eine Brat- oder Grillpfanne bei mittlerer bis hoher Temperatur erhitzen. 1 EL Öl oder zerlassene Butter hineingeben. Eine Teigtasche behutsam hineinlegen und auf jeder Seite 3–4 Minuten braten, bis sie goldbraun und knusprig ist. Warm stellen und die übrigen Taschen garen. Bei einer großen Zahl Gäste die fertigen *murtabak* in 4 cm große Quadrate schneiden und auf einer großen Platte servieren.

Goenmande | Schweinefleisch-Kohl-Taschen

Die Kombination von Schweinefleisch, Kohl und schwarzem Pfeffer macht diese kleinen Taschen aus Korea einfach köstlich. Sie werden mit einem Dip aus Essig, Sesamöl und Knoblauch serviert und sind ein großartiger Auftakt für eine asiatische Mahlzeit.

1 Für den Dip den Knoblauch mit dem Salz und dem Zucker zu einer glatten Paste zerreiben, dann den Essig, 2 EL Wasser und das Sesamöl unterrühren.

2 In einem Topf mit schwerem Boden 2 EL Öl bei mittlerer bis hoher Temperatur erhitzen. Den Knoblauch und den Ingwer darin 2 Minuten sautieren, bis sie aromatisch duften. Das Hackfleisch hinzufügen und unter Rühren 5 Minuten braten, bis es gebräunt ist.

3 Die Kohlstreifen mit der Sojasauce, etwas Salz und etwas Pfeffer dazugeben. Die Hitze reduzieren und den Deckel auflegen. Alles etwa 5 Minuten garen, bis der Kohl zusammengefallen ist, aber noch etwas Biss hat. Die Mischung abschmecken – durch den Pfeffer sollte sie scharf sein. Eventuell nachwürzen. Vom Herd nehmen und abkühlen lassen, dann die Frühlingszwiebeln untermischen.

4 Sechs Teigblätter nebeneinanderlegen und jeweils zwei Teelöffel Füllung daraufsetzen. Die Teigränder mit etwas Wasser bestreichen und die Hüllen zu Halbmonden falten. Die Ränder fest zusammendrücken, dabei mit den Fingern Luftblasen aus den Taschen herausdrücken. Die Taschen mit einem feuchten Tuch abdecken und die übrigen Teigtaschen herstellen.

5 Das Öl zum Braten in einer schweren Pfanne bei mittlerer bis hoher Temperatur erhitzen. Zum Prüfen der Temperatur ein Stückchen Brot hineingeben – es sollte sofort zu brutzeln beginnen. Nur jeweils sechs Teigtaschen gleichzeitig braten, damit die Temperatur des Öls nicht absinkt. Auf Küchenpapier abtropfen lassen. Die fertigen Teigtaschen mit dem Dip heiß servieren.

Ergibt 18 Stück

2 EL Pflanzenöl plus 100 ml Öl zum Braten

2 Knoblauchzehen, geschält und fein gehackt

4 cm frischer Ingwer, geschält und fein gehackt

500 g Schweinehackfleisch

½ Chinakohl, nach Entfernen des Strunkes in Streifen geschnitten

2 EL helle Sojasauce

4 Frühlingszwiebeln, fein gehackt

18 runde Wan-Tan-Teigblätter (in Asienläden erhältlich)

Salz und reichlich frisch gemahlener schwarzer Pfeffer

Für den Dip

1 Knoblauchzehe, geschält

½ TL Salz

½ TL Zucker

2 EL Reisessig

2 EL Sesamöl

Passt zu
Miso-Suppe mit Hähnchenbrust (S. 96–97)
Eingelegte Gurke nach Art Sichuans (S. 152)

Iri goma tempura | Sesam-Tempura

Tempura ist ein leichter Teig, der schnell sehr knusprig wird. Er eignet sich wunderbar für Krustentiere und frischen Spargel, da diese in ihm sehr zart und fest bleiben. Aber auch andere Gemüsesorten lassen sich auf diese Weise zubereiten. Softshell Crabs sind frisch gehäutete Krebse, und es lohnt sich definitiv, sie zu probieren.

Für 6 Personen

Pflanzenöl zum Frittieren

Mehl zum Wenden

3 Softshell Crabs, halbiert (frisch oder tiefgefroren bei Fischhändlern oder in Asienläden erhältlich)

18 rohe Riesengarnelen, geschält, Schwanzfächer belassen

6 Frühlingszwiebeln, geputzt und halbiert

9 Stangen frischer grüner Spargel, auf Länge der Frühlingszwiebeln gekürzt

Salz und frisch gemahlener schwarzer Pfeffer

1 Portion *ponzu* (siehe S. 122) oder ein anderer Dip nach Wahl zum Servieren

Für den Tempura-Teig

75 g Maisstärke

100 g Mehl, mit ½ TL Backpulver vermischt

3 EL Sesam

1 TL Meersalz

375 ml Eiswasser

Passt zu
Mariniertes Rindfleisch vom Grill (S. 52–53)
Salat mit Erbsen- und Bohnensprossen (S. 140–141)

1 Für den Teig die Maisstärke, das Mehl, den Sesam und das Salz in einer Schüssel mischen. Das Eiswasser unterrühren, bis ein leicht klumpiger Teig entstanden ist – Tempura-Teig sollte kleine Mehlklumpen enthalten.

2 Einen großen tiefen Topf zur Hälfte mit Öl zum Frittieren füllen. Das Öl bei mittlerer bis hoher Temperatur auf 180 °C erhitzen. Zum Prüfen der Temperatur ein Stückchen Brot hineinwerfen – es sollte innerhalb von 15 Sekunden goldbraun werden. Das Mehl zum Wenden mit Salz und Pfeffer würzen.

3 Die Krebse in dem Mehl wenden, dann in den Teig tauchen. Überschüssigen Teig abschütteln. Die Krebse vorsichtig in das Öl gleiten lassen, damit es nicht spritzt, und in 3–4 Minuten goldbraun frittieren, zwischendurch einmal wenden. Auf Küchenpapier abtropfen lassen. Die Garnelen ebenfalls mit Mehl und Teig überziehen und portionsweise 2 Minuten frittieren, bis sie goldbraun sind. Auf Küchenpapier abtropfen lassen. Zum Schluss die Frühlingszwiebeln und den Spargel mit Mehl und Teig überziehen und nur 1–2 Minuten frittieren, damit sie noch Biss haben.

4 Jedem Gast eine Auswahl an den verschiedenen Tempura servieren, dazu in Portionsschalen *ponzu* oder einen anderen Dip reichen oder eine große Schale mit Dipsauce in die Mitte des Tisches stellen. Der Dip muss salzig, sauer und scharf sein, um die süßliche Schwere von frischen Krustentieren, Frühlingszwiebeln und Spargel auszugleichen.

Ngephe gyaw | Burmesische Fischküchlein

Burma hat eine lange Südküste an der Andamanensee und damit eine Fülle an Fischen und Meeresfrüchten. Für diese Küchlein werden Fisch und Garnelen kombiniert. Man könnte auch verschiedene Fischsorten oder Fisch und Krebse oder Kalmare verwenden. Alle Kombinationen sind authentisch. Kurkuma und gemahlener Ingwer verraten, dass dieses Rezept seine Wurzeln in Indien hat.

Für 6 Personen

500 g fester, weißfleischiger Fisch wie Kabeljau oder Snapper

1 TL gemahlener Ingwer

½ TL rote Chiliflocken

1 Knoblauchzehe, geschält

3 Schalotten, geschält

300 g rohe Garnelen, geschält, Därme entfernt

1 Handvoll Koriandergrün, Blätter abgezupft

1 EL Fischsauce (vorzugsweise *nam pla*)

1 TL gemahlene Kurkuma

250 ml Pflanzenöl

Salz und frisch gemahlener schwarzer Pfeffer

1 Den Fisch häuten, entgräten und in 3 cm große Würfel schneiden. Den Ingwer, die Chiliflocken, den Knoblauch und die Schalotten in einer Küchenmaschine zu einer groben Paste verarbeiten. Die Garnelen und Fischwürfel mit den Korianderblättern und der Fischsauce hinzufügen und alles zu einer glatten Masse verarbeiten. (Die Kurkuma noch nicht dazugeben, da sie die Küchenmaschine orange färben würde.)

2 Die Fischmasse in eine Metallschüssel füllen. Die Kurkuma mit den Händen untermischen, bis sie gleichmäßig verteilt und die Masse orangefarben ist. Salz und Pfeffer hinzufügen und untermischen.

3 Die Hände mit etwas Wasser befeuchten und aus der Fischmasse Küchlein von etwa 7 cm Länge und 2,5 cm Dicke formen. Das Pflanzenöl in einem großen Topf oder Wok erhitzen. Die Fischküchlein nacheinander hineingeben und portionsweise frittieren, aber nicht zu viele gleichzeitig, da sie sich aufblähen. Die Küchlein 4–5 Minuten garen, bis sie goldbraun sind, dann auf Küchenpapier abtropfen lassen und heiß mit einem Chili-Dip servieren.

Passt zu
Gegrillte Rindfleischbällchen mit Dip (S. 26–27)
Rettichsalat mit gebratenem Knoblauch (S. 142)

Appam | Reismehl-Pfannkuchen

Appam wird traditionell in einer Art Omelettpfanne, *kuali* genannt, gegart. Der dicke Teig wird in der Pfanne geschwenkt, wodurch er dünne, zarte Ränder erhält. Man kann *appams* wie hier servieren oder anstelle von Reis als Beilage, aber auch süß mit braunem Zucker bestreut und geriebener frischer Kokosnuss oder Bananenscheiben.

1 Die Hefe und den Zucker in 125 ml warmem Wasser auflösen und 10 Minuten gehen lassen, bis sich Blasen bilden. In der Zwischenzeit das Reismehl und den Reisgrieß in eine Küchenmaschine geben und bei laufendem Motor nach und nach die Hälfte der Kokosmilch hinzufügen, um einen glatten Teig herzustellen. Das Hefewasser untermischen. Den Teig in eine große Schüssel geben, dann abgedeckt 1 Stunde an einem warmen Platz gehen lassen, bis er sein Volumen verdoppelt hat.

2 Wenn der Teig gegangen ist, das Salz in die restliche Kokosmilch geben und diese unter den Teig rühren, sodass dieser die Konsistenz von Crème double erhält. Der Teig kann sofort verwendet oder bis zum Gebrauch für einige Stunden in den Kühlschrank gestellt werden.

3 Eine kleine Omelettpfanne bei mittlerer bis hoher Temperatur erhitzen. Boden und Seiten der Pfanne mit Öl ausschwenken. Überschüssiges Öl wieder herausgießen und für den nächsten Pfannkuchen verwenden. Eine große Kelle Teig in die Pfanne geben, die Pfanne mit Topflappen in beide Hände nehmen und schwenken, sodass der Teig an den Seiten emporläuft und haften bleibt. Überschüssigen Teig wieder in die Schüssel gießen. Dann den Pfannkuchen zugedeckt 1 Minute bei schwacher Hitze dämpfen.

4 Für ein *appam* mit Spiegelei, ein Ei in die Mitte des Pfannkuchens schlagen und, nach Belieben, mit Salz und Pfeffer würzen. Den Deckel wieder auflegen – diesmal für 3 Minuten. Die Ränder des *appam* sollten goldbraun und knusprig sein, das Eigelb perfekt gegart. Die restlichen Pfannkuchen zubereiten und sofort mit Chili-Relish oder Sambal (siehe S. 33, 45 und 89) servieren. Wer keine Eier mag, serviert sie mit einer der oben vorgeschlagenen Alternativen.

Ergibt 6–8 Stück
½ Würfel frische Hefe
1 TL Zucker
200 g Reismehl
200 g Reisgrieß
500 ml Kokosmilch
½ TL Salz
Etwas Pflanzenöl zum Braten
6–8 Eier (nach Belieben)
Salz und frisch gemahlener schwarzer Pfeffer (nach Belieben)

Passt zu
Auberginenküchlein aus Gujarat (S. 82–83)
Tomaten-Chutney mit grünen Chilis (S. 179)

Ringrah na bhajia | Auberginenküchlein aus Gujarat

Gujarat im Nordwesten Indiens ist Heimat farbenfroher vegetarischer Gerichte, die nach alten Rezepten zubereitet werden. Kichererbsen und Hülsenfrüchte werden dort entweder frisch verwendet oder zu Mehl vermahlen, um Nudeln, Brot und Teig herzustellen. Von diesen Küchlein sollten Sie reichlich zubereiten, da man gar nicht genug von ihnen bekommen kann.

Für 6–8 Personen

3 Auberginen

300 g gegarte Kichererbsen, abgespült und abgetropft (aus der Dose)

2 EL Reismehl

1 EL Weizenmehl

½ TL Backpulver

4 Frühlingszwiebeln, fein gehackt

2 frische scharfe grüne Chilischoten, von den Samen befreit und fein gehackt

3 Knoblauchzehen, geschält und fein gehackt

1 TL gemahlener Zimt

½ TL Cayennepfeffer

1 Handvoll Koriandergrün, Blätter abgezupft und grob gehackt

2 Eier

Pflanzenöl zum Braten

Meersalz und frisch gemahlener schwarzer Pfeffer

Für den Gewürz-Joghurt

1 TL gemahlene Koriandersamen

1 TL gemahlener Kreuzkümmel

½ TL Cayennepfeffer

200 g griechischer Joghurt

20 frische Korianderblätter, grob gehackt

Saft von ½ Zitrone

1 Den Backofengrill auf hoher Stufe erhitzen und die Auberginen grillen, bis die Haut rundum Blasen wirft und das Fleisch weich ist. Herausnehmen und abkühlen lassen, dann die Haut abziehen und wegwerfen. Das Fleisch hacken und beiseitestellen.

2 Für den Gewürz-Joghurt den gemahlenen Koriander und Kreuzkümmel ohne Fett in einer Pfanne 1–2 Minuten rösten, bis sie aromatisch duften. Abkühlen lassen und mit dem Cayennepfeffer in den Joghurt rühren. Salzen und pfeffern. Die Korianderblätter mit dem Zitronensaft unter den Joghurt rühren.

3 Die abgetropften Kichererbsen in eine große Schüssel geben und mit beiden Mehlen und dem Backpulver grob zerdrücken. Die Auberginen, die Frühlingszwiebeln, den Chili und den Knoblauch unterrühren, dann den Zimt, den Cayennepfeffer und die gehackten Korianderblätter hinzufügen. Salzen und pfeffern. Die Eier verquirlen und dazugeben. Alles mit einem Metalllöffel zu einem Teig verrühren.

4 Eine große schwere Pfanne bei mittlerer bis hoher Temperatur erhitzen und 2 EL Öl hineingeben. Zunächst ein kleines Stück Teig darin braten und probieren und den Teig eventuell nachwürzen. Die Küchlein in kleinen Portionen braten, damit die Temperatur des Öls nicht absinkt. Dafür den Teig esslöffelweise vorsichtig in die Pfanne setzen und die Küchlein 2–3 Minuten braten, dabei einmal wenden, bis sie goldbraun und gar sind. Auf Küchenpapier abtropfen lassen und heiß mit dem Gewürz-Joghurt servieren.

Chilischoten

Wollte man die Gerichte einer Region in einem Wort zusammenfassen, wäre für viele Küchen Asiens wohl »scharf« am treffendsten. Hinter dieser Schärfe werden meist Chilischoten (*Capsicum frutescens*) vermutet. Chilis gelangten aber erst nach Asien, nachdem Portugiesen und Spanier im 16. Jahrhundert Südamerika entdeckt hatten.

Vor Einführung der Chilischote verliehen asiatischen Gerichten vor allem weißer Pfeffer und Gewürze wie Ingwer und Knoblauch Schärfe. Wenn man in der Thai-Küche einem Rezept mit weißem Pfeffer begegnet, handelt es sich oft um ein altes Rezept aus der Zeit vor Ankunft der Chilischoten. Chilischoten enthalten mehr Vitamin C als Orangen und machen süchtig. Ihre Schärfe zwingt den Körper, Endorphine auszuschütten, und man fühlt sich gut. Je mehr Chilis man isst, desto mehr gewöhnt man sich an die Schärfe.

Enorme Vielfalt

In Asien werden viele verschiedene Chilisorten verwendet – frische und getrocknete, große und kleine, rote und grüne. Jede Sorte hat einen einzigartigen Geschmack, weshalb es wichtig ist, für ein bestimmtes Gericht möglichst die richtige zu verwenden. Die Schärfe der Chilischote sitzt in

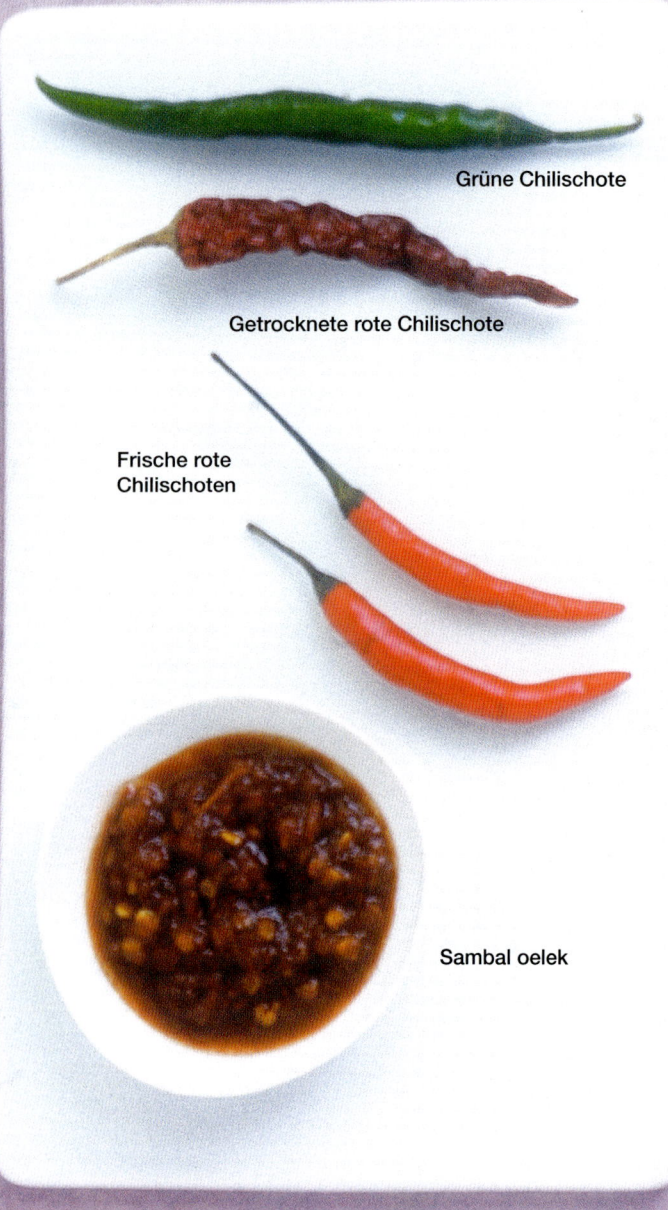

Grüne Chilischote

Getrocknete rote Chilischote

Frische rote Chilischoten

Sambal oelek

den Samen und den weißen Scheidewänden. Je kleiner die Chilischote, desto schärfer – ein Beispiel dafür sind Bird's-eye-Chilis. Große, fingerlange rote (reife) und grüne (unreife) Chilis sind mäßig scharf. Ferner gilt: Je wärmer das Klima, in dem eine Chilischote wächst, desto reifer und damit schärfer wird sie sein.

»Die Schärfe der Chilischote sitzt in den Samen und den weißen Scheidewänden. Je kleiner die Chilischote, desto schärfer. Große, fingerlange rote (reife) und grüne (unreife) Chilis sind meist mäßig scharf.«

In Indien werden Chilis meist frisch und unreif verwendet, dennoch sind auch sie sehr scharf. Wenn man ein südindisches Curry mit frischen grünen Chilis zubereitet, wird es wahrscheinlich sehr würzig. Reife rote Chilischoten werden in Indien meist getrocknet und großteils zu Chilipulver vermahlen.

Kommt man im tropischen Asien weiter südwärts, steigen die Temperaturen – und die Würzigkeit der Speisen nimmt zu, wie etwa in Südindien, Sri Lanka, Thailand, Malaysia und Vietnam, um nur einige Länder zu nennen. Man isst scharfe Speisen, um zu schwitzen und sich dadurch Kühlung zu verschaffen. Zudem sind die tropischen, süßen Früchte wie Papayas und Mangos oder Nüsse wie Kokosnüsse bestens dazu geeignet, zu viel Schärfe auszugleichen.

Unterschiedliche Verwendungszwecke

In Thailand werden vor allem fingerlange Sorten verwendet, aber auch die winzige, extrem scharfe Bird's-eye-Chilischote, die rot, orange, gelb oder grün sein kann. Eine thailändische Würze, die man auf beinahe jedem Tisch findet, ist *nam pla prik*: in Scheiben geschnittene kleine Chilischoten (*prik khii nuu* genannt, was übersetzt beunruhigenderweise

Mäusekot-Chilis heißt), vermischt mit Fischsauce, *nam pla*, und etwas Limettensaft oder Tamarinde (siehe S. 154). Zur Herstellung eines Dips für Meeresfrüchte, der *nam jim* genannt wird, fügt man der Würze gehackten Knoblauch und etwas Zucker hinzu. Ähnliche Würzsaucen findet man in Vietnam, Malaysia und Indonesien.

Chilis können eingelegt, eingemacht oder geröstet werden. Unreife grüne Chilis schmecken leicht säuerlich. Will man die Schärfe getrockneter Chilis mildern, ohne Aroma einzubüßen, bricht man sie auf und weicht sie nach Entfernen der Samen 20 Minuten in heißem Wasser ein. Nach dem Hantieren mit Chilischoten muss man sich stets die Hände waschen, ehe man Augen, Lippen oder andere empfindliche Bereiche berührt.

Sambals

In Malaysia, Indonesien und Singapur dominiert das Sambal den Tisch. Diese feurige Chilipaste wird als Würze serviert und zur Mahlzeit gegessen oder auf bestimmte Zutaten (siehe S. 88–89) gestrichen. Es gibt ebenso viele Sambals wie Köche, die sie verwenden. Einige erfordern frische rote Chilischoten, andere getrocknete. Manche werden mit grünen Chilis zubereitet (siehe S. 44–45). Einige werden nicht gegart, andere gebraten. Das einfachste ist *sambal oelek*, eine Mischung aus Chilis, Salz und Essig. Es ist in Gläsern erhältlich und eignet sich gut für den Einstieg. Man kann Schalotten, Knoblauch, Galgant und Garnelenpaste (*belachan*) hinzufügen, ebenso andere Gewürze und Tamarindenpaste. *Sambal ikan bilis* wird mit kleinen getrockneten Sardellen zubereitet, *sambal blachan* aus Chilis und Garnelenpaste.

Banh khoai | Glücks-Crêpes

Wegen der verwendeten knackigen und weichen Zutaten und der Aromenkombination ist dieses Rezept sehr typisch für die vietnamesische Küche. Glücks-
Crêpes schmecken zu jeder Tageszeit. Am besten benutzt man mehrere Pfannen
gleichzeitig, um diese fantastischen Crêpes quasi am Fließband herzustellen.
Ihre Namen tragen sie wegen des Lärms, den sie beim Garen veranstalten.

Für 4 Personen

120 g Reismehl

60 g Maisstärke

30 g Weizenmehl

3 Frühlingszwiebeln, weiße und
grüne Teile getrennt in Ringe
geschnitten

250 g Schweinehackfleisch

2 EL Fischsauce
(vorzugsweise *nuoc mam*)

2 Knoblauchzehen, geschält und
fein gehackt

250 g rohe Garnelen, geschält
und nach Entfernen der Därme
grob gehackt

Pflanzenöl zum Garen

250 g Bohnensprossen, verlesen
und gewaschen

1 kleine Zwiebel, in dünne
Scheiben geschnitten

10 große Champignons, in dünne
Scheiben geschnitten

3 Eier, verquirlt

Frisch gemahlener schwarzer
Pfeffer

Passt zu
Sesam-Hähnchen-
brust-Salat mit weißem Pfeffer
(S. 118–119)
Vietnamesischer Erdnussdip
(S. 153)

1 Das Reismehl, die Maisstärke und das Weizenmehl mit den weißen Frühlingszwiebelringen und 550 ml Wasser zu einem glatten
Teig mit der Konsistenz von Crème double verrühren. Das Fleisch mit
1 EL Fischsauce, je der Hälfte des Knoblauchs und der grünen Teile
der Frühlingszwiebeln vermischen. Die Masse salzen und pfeffern.

2 Die Garnelen ebenfalls mit 1 EL Fischsauce und je der Hälfte
des Knoblauchs und der grünen Teile der Frühlingszwiebeln
vermengen und pfeffern. Den Teig, beide Mischungen und auch alle
anderen Zutaten in Schüsseln neben den Herd stellen.

3 Eine kleine Brat- oder Omelettpfanne bei mittlerer bis hoher Temperatur erhitzen und 1 EL Öl hineingeben. Einen Esslöffel Fleischmasse mit zwei oder drei Garnelenstücken darin 2 Minuten garen.

4 Den Herd auf mittlere Hitze schalten. Drei Esslöffel Teig sowie
1 EL Bohnensprossen und einige Zwiebel- und Pilzscheiben
mit in die Pfanne geben und alles mit aufgelegtem Deckel 2 Minuten garen. Den Deckel abnehmen und 3 EL Ei in die Pfanne geben.
Alles zugedeckt weitere 2 Minuten garen.

5 Das Omelett in der Mitte zusammenklappen und noch einmal
2 Minuten braten, bis die Unterseite sehr knusprig und goldbraun ist, dann umdrehen und die andere Seite ebenfalls bräunen.
Die Crêpes am besten hintereinander direkt aus der Pfanne servieren anstatt alle auf einmal. Dazu einen vietnamesischen Erdnussdip
(siehe S. 153) servieren.

Taruang balado | Sambal-Auberginen aus Sumatra

Es gibt viele verschiedene Sambals – die feurig-scharfen Chilipasten sind eine Spezialität der indonesischen und malaiischen Küche. Einige werden mit getrockneten Chilis, andere mit frischen zubereitet. Manche Sambals wie etwa dieses sind rein vegetarisch, während andere Garnelenpaste, Fischsauce oder getrocknete Fische enthalten. Da Indonesien aus vielen Inseln und Kulturen besteht, überrascht es kaum, dass es ein wahrer Schmelztiegel an Küchen und kulinarischen Traditionen ist. Man kann von diesem Sambal ohne Weiteres eine größere Menge zubereiten und es dann im Kühlschrank aufbewahren, um es für pfannengerührte Speisen, Nudeln oder Meeresfrüchtegerichte zu verwenden.

1 Für die Sambalpaste die Tomaten halbieren und von den Samen befreien. Eine Tomatenhälfte mit der Haut nach unten auf die Handfläche setzen. Mit einer Käsereibe das Fleisch in eine Schüssel reiben, sodass die Haut in der Hand zurückbleibt. Die Haut wegwerfen. Mit den übrigen Tomatenhälften ebenso verfahren.

2 Die Chilischoten und den Knoblauch mit dem Salz im Mörser zu einer Paste zerreiben. Die Schalotten hinzufügen und zerstoßen, bis eine glatte Paste entstanden ist. In einem Topf mit schwerem Boden 2 EL Öl bei mittlerer bis hoher Temperatur erhitzen. Die Chilipaste hinzufügen und 4–5 Minuten braten, bis sie aromatisch duftet. Das Tomatenfleisch untermischen und 2–3 Minuten garen. Die Sambalpaste salzen und pfeffern und den Limettensaft sowie 2 EL Wasser dazugeben. Beiseitestellen.

3 Die Auberginen längs halbieren. In einer Pfanne mit schwerem Boden 3 EL Öl bei mittlerer bis hoher Temperatur erhitzen und die Auberginenhälften darin portionsweise auf jeder Seite etwa 3 Minuten braten, bis sie weich und goldbraun sind, dann salzen und pfeffern.

4 Die Sambalpaste auf die Schnittflächen der Auberginenhälften streichen und die Auberginen auf einem Servierteller anrichten. Mit Limettenspalten zusammen mit anderen Gerichten servieren.

Für 4 Personen

750 g dünne Auberginen

3 EL Pflanzenöl

Salz und frisch gemahlener schwarzer Pfeffer

Limettenspalten zum Servieren

Für die Sambalpaste

2 große Tomaten

5 frische rote Chilischoten, von den Samen befreit und fein gehackt

2 Knoblauchzehen, geschält und fein gehackt

1 TL Salz

5 Schalotten, geschält und fein gehackt

2 EL Pflanzenöl

Saft von 1 Limette

Passt zu
Schweinefleischbällchen mit Knoblauch (S. 38–39)
Knusprige Erdnusswaffeln (S. 65)
Malaiisches Rindfleisch-Rendang (S.148–149)

Pe chan gyaw | Burmesische Erbsenküchlein

Spalterbsen, Kreuzkümmel und Koriandersamen verraten die indischen Wurzeln dieses einfachen Rezepts. Doch ungeachtet des Einflusses der Nachbarländer Indien, China und Thailand auf die Küche Burmas ist diese einzigartig und recht charakteristisch. Man serviert diese Küchlein als Snack zu Getränken oder als Vorspeise.

Für 6 Personen

100 g getrocknete gelbe Spalterbsen, verlesen und gewaschen

1 EL Koriandersamen

1 EL Kreuzkümmelsamen

2 Knoblauchzehen, geschält

½ TL zerstoßene rote Chiliflocken

1 EL Pflanzenöl plus 250 ml Pflanzenöl zum Frittieren

4 Schalotten, geschält und fein gehackt

5 EL Reismehl

Salz und frisch gemahlener schwarzer Pfeffer

1 Die Erbsen über Nacht in reichlich kaltem Wasser einweichen, dann abtropfen lassen und unter fließendem kaltem Wasser abspülen, bis das Wasser klar bleibt.

2 Die Koriander- und Kreuzkümmelsamen im Mörser zerreiben. Den Knoblauch und die Chiliflocken hinzufügen und alles zu einer Paste zerstoßen. In einem kleinen Topf 1 EL Öl bei mittlerer bis hoher Temperatur erhitzen. Die Gewürz-Knoblauchpaste hinzufügen und 2 Minuten braten, bis sie aromatisch duftet. Den Herd auf schwache Hitze schalten. Die Schalotten in den Topf geben und braten, bis sie weich sind und zu karamellisieren beginnen. Vom Herd nehmen.

3 Das Mehl in einer Schüssel mit 500 ml Wasser zu einem Teig verrühren. Die eingeweichten Erbsen und die Schalottenmischung sowie Salz und Pfeffer hinzufügen. Das Frittieröl in einem Wok oder hohen Topf mit schwerem Boden erhitzen. Zum Prüfen der Temperatur ein wenig Teig hineingeben – er sollte sofort zu brutzeln beginnen. Das Teigstück etwa 2 Minuten garen, bis es goldbraun ist, dann herausnehmen, etwas abkühlen lassen und probieren: Den Teig eventuell noch mit Salz und Pfeffer nachwürzen.

4 Den Teig esslöffelweise vorsichtig in das heiße Öl gleiten lassen und 2–3 Minuten frittieren, bis die Küchlein knusprig und goldbraun sind. Immer nur wenige Küchlein gleichzeitig frittieren, dann mit dem Schaumlöffel herausheben und auf Küchenpapier abtropfen lassen. So aus dem gesamten Teig Küchlein zubereiten und diese heiß servieren.

Passt zu
Gegrillte Hähnchenbrust nach Art Isaans (S. 40–41)
Auberginendip aus Sri Lanka (S. 150–151)

Heiß und **dampfend**

Langsam gegarte, geköchelte oder gedämpfte Speisen haben etwas überaus Tröstliches. Zudem können sie unglaublich schmackhaft sein, und durch die Zugabe von Gewürzen und anderen Würzzutaten verwandeln sie sich von bloßen Seelentröstern zu einem einzigartigen Genuss. Chinesische gedämpfte Teigtaschen (Dim sum), heiße, würzige Suppen, ein reichhaltiges Pilaw aus der kulinarischen Schatztruhe des einstigen persischen Reichs – die Gerichte im folgenden Kapitel reichen von beliebten Klassikern bis hin zu exotischeren Kreationen.

Taugeh masak kerang | Gebratene Venusmuscheln

Venus- und Miesmuscheln erfreuen sich in jeder Küstenregion, wo ihre Frische gewährleistet ist, großer Beliebtheit, weil sie wunderbar süßlich schmecken und sich einfach zubereiten lassen. Dieses schlichte Gericht aus nur wenigen Zutaten besticht durch fantastische Aromen. Also schwelgen Sie – Zurückhaltung ist hier fehl am Platz.

Für 4 Personen

1 kg Venusmuscheln, abgebürstet und entbartet

3 cm frischer Ingwer, geschält

3 Stangen Staudensellerie aus dem Herz der Staude

3 EL Pflanzenöl

2 frische rote Chilischoten, von den Samen befreit und fein gehackt

3 Knoblauchzehen (Keime entfernt), geschält und in dünne Scheiben geschnitten

400 g Bohnensprossen, verlesen und gewaschen

1 EL Sojasauce

Saft von 1 Limette

1 kleines Bund Koriandergrün, Blätter abgezupft

Salz und frisch gemahlener schwarzer Pfeffer

Passt zu
Marinierte und gegrillte Makrelen (S. 22–23)
Burmesische Erbsenküchlein (S. 90–91)

1 Die Muscheln unter fließendem kaltem Wasser waschen, bis das Wasser klar bleibt, dabei mit einem alten Messer Schmutz und Seepocken entfernen. Die Muscheln wegwerfen, die sich nicht schließen, wenn man sie auf die Arbeitsfläche klopft, ebenso alle Muscheln, die riechen oder beschädigte Schalen haben. Den Ingwer zuerst in dünne Scheiben und dann in schmale Stifte, den Sellerie zuerst in 4 cm lange Stücke und dann in streichholzgroße Stäbchen schneiden. Beides beiseitestellen.

2 Einen Topf mit schwerem Boden bei mittlerer bis hoher Temperatur erhitzen. 1½ EL Öl hineingeben und jeweils die Hälfte Chili, Knoblauch und Ingwer darin 1–2 Minuten braten, bis sie aromatisch duften. Die Muscheln mit etwas Wasser dazugeben und zugedeckt bei starker Hitze 2 Minuten garen, dabei den Topf gelegentlich rütteln. Gut umrühren und die Muscheln weitere 2 Minuten garen, bis sie sich geöffnet haben (geschlossene Muscheln wegwerfen). Einen mit Musselin (oder einem sauberen Küchenhandtuch) ausgelegten Durchschlag auf eine Schüssel setzen. Die Muscheln hineingeben, den Sud auffangen.

3 Einen Wok bei mittlerer bis hoher Temperatur erhitzen und 1½ EL Öl hineingeben. Den restlichen Chili, Knoblauch und Ingwer darin 1 Minute braten, bis sie aromatisch duften. Den Sellerie hinzufügen und 1 Minute pfannenrühren. Die Bohnensprossen dazugeben und 1 Minute unter kräftigem Rühren braten. Zum Schluss die Muscheln mit dem Sud, die Sojasauce und den Limettensaft hinzufügen. Mit reichlich Pfeffer würzen und die Korianderblätter unterrühren. Den Sud abschmecken. Vielleicht ist noch etwas Salz erforderlich. Der Sud ist scharf, süß, salzig und sauer. Das Gericht auf Portionsschalen verteilen und servieren.

Miso shiru | Miso-Suppe mit Hähnchenbrust

Miso ist eine Paste aus fermentierten Sojabohnen und Getreide – entweder Gerste oder Reis –, die bis zu drei Jahre reift, damit sich die Aromen entwickeln. Es gibt etwa sechs Grundtypen mit unterschiedlicher Konsistenz und Farbe von Blassgelb bis tief Schokoladenbraun. Alle haben ein wunderbar würziges Aroma. Verwenden Sie ein möglichst naturbelassenes Produkt. Miso ist eine köstliche Grundlage für eine Suppe, der man beliebig weitere Zutaten hinzufügen kann – Pilze, Meeresfrüchte, gegrilltes Fleisch oder einfach Tofu.

1 Eine geriffelte gusseiserne Grillpfanne erhitzen, bis sie sehr heiß ist. Die Hähnchenbrustfilets mit Salz, schwarzem Pfeffer und Siebengewürz würzen, dann je nach Größe auf jeder Seite etwa 4 Minuten grillen, bis sie gar und goldbraun sind.

2 Die Dashi-Brühe aufkochen lassen. Die Miso-Paste hinzufügen und vorsichtig auflösen. Die Brühe vom Herd nehmen. Die Frühlingszwiebeln, den Ingwer und die Sojasauce hineingeben.

3 Das Hähnchenfleisch in Scheiben schneiden und auf vier Portionsschalen verteilen. Die Brühe darübergießen, dabei Ingwer und Frühlingszwiebeln gleichmäßig verteilen. Sofort servieren, eventuell mit extra Sojasauce. Die Süße des Hähnchenfleischs und die Schärfe der Gewürze und des Ingwers befinden sich im Gleichgewicht. Die Miso-Paste verleiht der Brühe Säure, Bonito-Flocken und Sojasauce machen sie salzig. Der Kombu wirkt als Geschmacksverstärker und intensiviert die Aromen.

Dashi-Brühe Ein 4 x 6 cm großes Stück getrockneten Kombu (Seetang) mit 1,5 l Wasser in einen Topf geben. Das Wasser ohne Deckel erhitzen. Kurz bevor es kocht, den Kombu herausnehmen und wegwerfen. 50 g Bonito-Flocken in das Wasser streuen und den Topf vom Herd nehmen. Wenn die Flocken zu Boden gesunken sind, die Brühe durch ein Sieb abgießen und die Flocken wegwerfen. Die Grundbrühe kann nun mit heller Sojasauce, Reiswein, Ingwer oder Pilzen aromatisiert werden.

Für 4 Personen

2 große Hähnchenbrustfilets, insgesamt etwa 400 g

½ TL japanisches Siebengewürz (*shichimi togarashi*; in Asienläden erhältlich)

1 l Dashi-Brühe (siehe unten)

40 g Miso-Paste (in Asienläden oder Naturkostgeschäften erhältlich)

4 Frühlingszwiebeln, fein gehackt

4 cm frischer Ingwer, geschält und in streichholzgroße Stifte geschnitten

2 EL helle Sojasauce, eventuell auch etwas mehr

Salz und frisch gemahlener schwarzer Pfeffer

Passt zu
Gedämpfte Grillfleischbröttchen (S. 101)
Sashimi von Brasse mit scharfem Dressing (S. 143)

Har gau | Gedämpfte Garnelen-Wan-Tans

Ich liebe Dim sum – diese riesige Auswahl an Leckerbissen, die in einem scheinbar nie endenden Fluss aufgetragen werden. Hier wurden Wan-Tan-Hüllen aus weichem Eierteig verwendet. Wasserkastanien gibt es frisch, tiefgefroren und in Dosen in Asienläden. Sie können die Füllung je nach Geschmack variieren.

Für 6 Personen

6 Wasserkastanien, geschält (aus der Dose)

3 Frühlingszwiebeln, fein gehackt

1 kleines Bund frischer Schnittlauch, fein gehackt

¼ TL rote Chiliflocken

2 TL Sesamöl

2 EL Pflanzenöl

1 EL helle Sojasauce

500 g geschälte, gegarte Garnelen ohne Darm, grob gehackt

1 Paket runde Wan-Tan-Teigblätter (6 cm Durchmesser; in Asienläden erhältlich)

½ TL Salz

Verquirltes Ei

Frisch gemahlener schwarzer Pfeffer

1 Portion Sesam-Ingwer-Vinaigrette (siehe rechts) zum Servieren

Passt zu
Chinesische Rippchen vom Grill (S. 24–25)
Frühlingszwiebel-Schnittlauch-Brötchen (S. 110–111)

1 Die Kastanien mit kaltem Wasser abspülen, dann fein hacken. In einer Schüssel mit den Frühlingszwiebeln und dem Schnittlauch mischen und großzügig salzen und pfeffern. Die Chiliflocken, das Sesam- und Pflanzenöl sowie die Sojasauce gut unterrühren und alles 20 Minuten stehen lassen, dann die Garnelen dazugeben.

2 Immer nur sechs oder sieben Teigblätter auf einmal auf die Arbeitsfläche legen, da der Teig schnell austrocknet. Einen Löffel Füllung auf jeden Kreis setzen und die Ränder mit Ei bestreichen. Die Kreise halbmondförmig falten und die Ränder fest zusammendrücken, dabei alle Luftblasen herausdrücken.

3 Die Wan Tans auf Butterbrotpapier legen und in einem Bambus-Dämpfeinsatz über kochendem Wasser 10 Minuten dämpfen. Vorsichtig von dem Papier heben und sofort mit der Sesam-Ingwer-Vinaigrette servieren.

Sesam-Ingwer-Vinaigrette Diese Sauce ist immer köstlich – egal, ob zu Wan Tans und Dim-Sum-Taschen, zu gegrilltem Thunfisch oder scharf angebratenem Rindfleisch. In einem Glas mit Schraubverschluss abgeriebene Schale und Saft von 1 unbehandelten Orange, ½ EL geriebenen frischen Ingwer, ½ TL rote Chiliflocken und ½ TL Zucker vermischen. Den Saft von 1 Limette, 1 EL Reisessig, 1 EL helle Sojasauce, 3 EL Sesamöl und 2 EL neutrales Pflanzenöl (etwa Erdnussöl) sowie Salz und Pfeffer hinzufügen. Das Glas verschließen, gut schütteln und die Vinaigrette abschmecken, sodass die Aromen ausgewogen sind und keines dominiert. Man kann auch frische Chilis verwenden. Das Dressing hält sich im Kühlschrank mindestens eine Woche.

Chuan wei hun tun | Hähnchenfleischtaschen aus Sichuan

Sichuans Küche ist für ihre Würze berühmt. Die verdankt sie unter anderem dem Sichuan-Pfeffer, der genau genommen kein Pfeffer, sondern die getrocknete Frucht einer Pflanze aus der Familie der Rautengewächse ist. Er sollte rotbraun sein und einen scharfen zitronigen Geschmack aufweisen, der die Zunge leicht betäubt.

Ergibt 30 Stück

200 g frischer Spinat, verlesen

½ TL gemahlener Sichuan-Pfeffer (siehe Tipp)

½ TL gemahlener weißer Pfeffer

2 EL Pflanzenöl

100 g Bohnensprossen, verlesen und gewaschen

1 TL Salz

300 g gehacktes Hähnchenfleisch

1 Ei, verquirlt

4 cm frischer Ingwer, geschält und fein gehackt

2 EL Shaoxing-Reiswein

30 Wan-Tan-Teigblätter (in Asienläden erhältlich)

Für die scharfe Sauce

1 Knoblauchzehe, geschält

½ TL Zucker

4 EL helle Sojasauce

½ TL gemahlener Zimt

2 EL Chiliöl

1 EL Reisessig

3 Frühlingszwiebeln, in feine Ringe geschnitten

Passt zu
Pfefferfleisch nach Art Sichuans (S. 170–171)
Gebratene Auberginen mit geröstetem Sesam (S. 178)

1 Für die Sauce den Knoblauch mit dem Zucker im Mörser zu einer glatten Paste zerreiben und mit den restlichen Saucenzutaten vermischen. Beiseitestellen. Den Spinat gründlich in kaltem Wasser waschen. In einem Durchschlag gut abtropfen lassen. Den Sichuan-Pfeffer und den weißen Pfeffer vermischen.

2 Das Öl in einem Wok bei mittlerer bis hoher Temperatur erhitzen. Den Spinat und die Sprossen darin pfannenrühren, bis sie zusammengefallen sind. Etwas von dem Salz und der Pfeffermischung hinzufügen. Vom Herd nehmen und abkühlen lassen. Das Fleisch mit dem Ei, dem Ingwer, dem Reiswein sowie dem restlichen Salz und Pfeffer vermengen. Das Gemüse abtropfen lassen und grob hacken, dann unter das Fleisch mischen. Etwas Fleischmasse braten, probieren und die Masse eventuell nachwürzen.

3 Immer sechs Wan-Tan-Teigblätter auf die Arbeitsfläche legen. Einen gehäuften Teelöffel Füllung in die Mitte jedes Teigblatts setzen. Die Teigränder mit etwas Wasser bestreichen. Die Hüllen diagonal falten und die Ränder verschließen, dabei die Luft aus den Taschen drücken. Zeigefinger und Daumen mit Wasser befeuchten und die seitlichen Spitzen der dreieckigen Wan Tans einige Sekunden zusammendrücken. Nun sehen die Taschen wie Tortellini aus. Mit den restlichen Wan Tans ebenso verfahren.

4 In einem großen Topf Wasser aufkochen und die Taschen darin 2–3 Minuten köcheln lassen. Mit dem Schaumlöffel auf ein Küchentuch heben. In Schalen mit der Sauce beträufelt servieren.

Tipp Vor dem Mahlen den Sichuan-Pfeffer bei mittlerer Temperatur in einer Pfanne 2–3 Minuten rösten, bis er duftet.

Char siu bao | Gedämpfte Grillfleischbrötchen

Diese süchtig machenden Brötchen sind in China ein Grundnahrungsmittel. Der heiße Teig wird aufgebrochen, um von Sauce überzogenes Schweinefleisch preiszugeben. Häufig serviert man diese gedämpften Köstlichkeiten als Teil einer Dim-sum-Platte. Man kann sie im Voraus zubereiten und vor dem Servieren dämpfen.

1 Für den Teig den Zucker in 250 ml lauwarmem Wasser in einer Schüssel unter Rühren auflösen. Die Hefe untermischen und 10 Minuten stehen lassen, bis sich Bläschen bilden. Das Öl hinzufügen und das Backpulver mit dem Mehl dazusieben. Alles mit den Händen zu einem glatten, leicht feuchten Teig verarbeiten. Die Schüssel mit einem Tuch abdecken und den Teig 40–60 Minuten gehen lassen, bis er sein Volumen verdoppelt hat.

2 Für die Füllung beide Öle im Wok erhitzen. Knoblauch, Ingwer, Chili und Pilze darin 2–3 Minuten pfannenrühren, bis sie duften. Zuerst Fleisch und Frühlingszwiebeln untermischen, dann die restlichen Zutaten. Die Hitze reduzieren und alles 2–3 Minuten pfannenrühren, bis die Flüssigkeit beinahe verdampft ist. Die Füllung probieren – sie sollte durch Fleisch und Sauce süß, durch den Essig sauer, durch Chili und Ingwer scharf und durch die Sojasauce salzig sein. Eventuell noch etwas Zitronensaft oder Pfeffer dazugeben. Vom Herd nehmen und abkühlen lassen.

3 Die Luft aus dem Teig kneten. Er kann sofort verwendet oder mit Frischhaltefolie abgedeckt bis zu 12 Stunden im Kühlschrank aufbewahrt werden. Aus dem Teig zwölf Kugeln formen. Jede Kugel auf der bemehlten Arbeitsfläche zu einem Kreis mit etwa 8 cm Durchmesser ausrollen. In die Mitte jedes Kreises einen Esslöffel Füllung setzen. Die Teigränder über der Füllung zusammennehmen und fest zusammendrücken.

4 Einen Bambus-Dämpfeinsatz mit Butterbrotpapier auslegen. Die Brötchen mit Abstand zueinander auf das Papier setzen und dann 10–12 Minuten dämpfen, oder bis ihre Oberseite aufplatzt. Dampfend heiß sofort servieren.

Für 6 Personen

½ EL Pflanzenöl

1 TL Sesamöl

2 Knoblauchzehen, geschält und fein gehackt

3 cm frischer Ingwer, geschält und fein gehackt

1 frische rote Chilischote, von den Samen befreit und fein gehackt

6 frische Austernpilze oder Shiitakepilze, gewürfelt

400 g chinesisches Grill-Schweinefleisch (siehe S. 48)

3 Frühlingszwiebeln, fein gehackt

1 EL Reisessig

1 TL Palmzucker oder brauner Zucker

2 EL Hoisin-Sauce

1 EL helle Sojasauce

Etwas frisch gepresster Zitronensaft (nach Belieben)

Frisch gemahlener schwarzer Pfeffer

Für den Hefeteig

1 EL feinster Zucker

1½ TL Trockenhefe

1 EL Pflanzenöl

1½ TL Backpulver

400 g Mehl

Reis und Nudeln

Reis ist eines der wichtigsten Nahrungsmittel der Welt und wird von der Hälfte der Weltbevölkerung zwei- bis dreimal täglich gegessen. Erstmalig soll Reis in China angebaut worden sein, und zwar schon in der Jungsteinzeit. In Asien werden Tausende Sorten kultiviert und je nach Jahreszeit auf unterschiedliche Art zubereitet. Feinschmecker behaupten, sie könnten am Geschmack die Erntezeit und beim Garen am Geruch die Sorte erkennen. Ungeachtet der Sortenvielfalt gibt es zwei Haupttypen: Langkorn- und Rundkornreis.

Langkorn- und Rundkornreis

In Indien, China und ganz Südostasien wird am häufigsten Langkornreis verwendet, der gegart aus lockeren Körnern besteht. In Indien baut man vor allem Basmatireis an, der eine seidige Konsistenz und einen herausragenden Geschmack hat. Er wird für aromatische Pilaws, Biryanis und Masala-Reis verwendet und ist der am häufigsten exportierte indische Reis. In China, Vietnam, Thailand und anderen Teilen Südostasiens erfreut sich der erfrischend duftende Jasminreis der größten Beliebtheit.

In Japan und Korea bevorzugt man Rundkornreis, da er eine kürzere Wachstumsperiode hat und sich ideal für den Verzehr mit Stäbchen eignet. Er ist etwas klebriger als Langkornreis und wird in Japan und Korea meist für pikante Gerichte verwendet, im Süden Chinas und in Vietnam gewöhnlich für Reisbrei.

Soba-Nudeln

Schwarzer Klebreis

Reis-Fadennudeln
(Reis-Vermicelli)

Basmati-
reis

Reis-
Bandnudeln

Reispapierblätter

In Vietnam werden Reisteig-Hüllen *banh trang* genannt und für Frühlings- und Sommerrollen oder zum Umhüllen von Fleisch oder Meeresfrüchten genommen. Sie schmecken frittiert und frisch. Aus Reismehl, Wasser und Salz wird ein Teig hergestellt. Dünne Teigfladen werden gedämpft und dann auf Bambusmatten in der Sonne getrocknet. Einmal

»Nudeln sind aus vielen Teilen Asiens wie etwa China, Japan und Korea nicht wegzudenken. Sie entstanden vor über 2000 Jahren in China und werden seit Jahrhunderten kommerziell hergestellt.«

kam ich in Vietnam in ein Dorf, das gerade Reispapierblätter zubereitete und nur durch diese transparenten Scheiben sichtbar war – es wirkte ziemlich surreal. Reispapierblätter werden in Paketen mit 50 oder 100 Stück verkauft.

Reisnudeln

Nudeln sind aus vielen Teilen Asiens wie etwa China, Japan und Korea nicht wegzudenken. Sie entstanden vor über 2000 Jahren in China. Es gibt sie frisch oder getrocknet in allen Formen und Größen.

Frische Reisnudeln werden in China *fen* genannt. Man unterscheidet sie nach ihrer Form (flach, rund, fein und sehr fein) und isst sie pfannengerührt, in Suppen oder mit einer Sauce.

Getrocknete Reisnudeln werden auf ähnliche Weise hergestellt wie Reispapierblätter. Am dünnsten sind Fadennudeln (Reis-Vermicelli), die für Salate und andere kalte Speisen oder pfannengerührte Gerichte und Suppen verwendet werden. Andere sind etwa 5 mm breit und so lang wie Essstäbchen. Sie werden in heißem Wasser eingeweicht und dann

in Suppen oder pfannengerührte Gerichte gegeben. Ebenfalls aus Reismehl sind die spaghettiähnlichen getrockneten dicken Laksa-Nudeln. Sie stehen in Malaysia und Singapur häufig auf dem Speiseplan.

Andere Nudeln

Frische Eiernudeln, *mein* oder Hokkien-Nudeln genannt, werden aus Weizen hergestellt. Zudem gibt es getrocknete Weizennudeln, die gerade oder zu Nestern aufgerollt sein können. Glasnudeln (*dong fen*) bestehen aus Mungbohnenmehl. Sie sind nach dem Garen glasig und werden häufig für Suppen und Salate verwendet. In Japan heißen Eiernudeln *ramen*. Soba-Nudeln bestehen aus Buchweizenmehl und werden hauptsächlich im Norden gegessen. Sie sind meist bräunlich, es gibt aber auch grüne Sorten, die mit grünem Tee aromatisiert sind. Runde oder flache Udon-Nudeln bestehen aus Weizenmehl und sind weiß.

Klebreis

Klebreis ist ein Rundkornreis, der 5–8 Stunden eingeweicht und dann abgetropft und in einem sauberen Stück Tuch oder Musselin in einem Dämpfeinsatz aus Bambus 30–40 Minuten gedämpft wird. Die Körner werden dabei prall und durchscheinend. Klebreis wird eigentlich nie pur gegessen, sondern meist mit pikanten Zutaten wie Schweinefleisch oder Pilzen gemischt oder zu kleinen Küchlein geformt, die in Bananenblätter gehüllt werden. In der Thai-Küche mischt man den Reis nach dem Dämpfen mit Kokoscreme, Zucker und einer Prise Salz und serviert ihn mit reifer Mango. Mit frischer Kokosnuss zubereitet schmeckt dieses einfache Gericht wirklich verblüffend.

Zarda pilau | Lammpilaw mit Safran und Nüssen

Ein Pilaw ist eine sensationelle Methode, Reis zuzubereiten. Einige Pilaws sind einfach, andere aufwendig. Welche Gewürze verwendet werden, hängt davon ab, in welchem Teil des riesigen persischen Reichs der Pilaw entstand. Char masala ist eine Gewürzmischung aus gleichen Teilen Zimt, Nelken, Kreuzkümmel und schwarzen Kardamomsamen. Man mahlt die Gewürze im Mörser oder der Mühle, am besten in einer kleinen Menge, die man in einem luftdicht verschlossenen Gefäß aufbewahrt.

Für 4 Personen

800 g Lammkeule

400 g Basmatireis

3 EL Pflanzenöl

2 Zwiebeln, geschält und
  fein gehackt

2 TL Char masala

2 Lorbeerblätter

2 EL Zucker

50 g Mandelblättchen

50 g Pistazienkerne ohne Haut

1 TL Safranfäden

Salz und frisch gemahlener
  schwarzer Pfeffer

Passt zu
Gefüllte Auberginen
(S. 165)
Afghanisches Neujahrskompott
(S. 191)

1 Das Fleisch parieren und entbeinen (Sie können Ihren Metzger bitten, dies zu tun), dann in 2 cm große Würfel schneiden. Den Reis mehrmals in kaltem Wasser waschen, bis das Wasser klar bleibt, dann 30 Minuten in frischem kaltem Wasser quellen lassen.

2 In der Zwischenzeit das Pflanzenöl in einer großen Kasserolle bei mittlerer bis hoher Temperatur erhitzen. Die Zwiebeln darin 5–6 Minuten sautieren, bis sie weich sind und goldbraun werden. Die Fleischwürfel hinzufügen und rundum bräunen. Char masala und Lorbeerblätter dazugeben, 250 ml Wasser angießen, salzen und pfeffern und aufkochen. Die Hitze reduzieren und das Fleisch 30–40 Minuten köcheln lassen, bis es weich ist. Das Fleisch aus dem Topf nehmen.

3 Den Zucker in 100 ml Wasser in einem zweiten Topf leicht köchelnd in etwa 5 Minuten auflösen, bis die Flüssigkeit sirupartig ist. Die Mandelblättchen, die Pistazien und den Safran hinzufügen.

4 Den Backofen auf 150 °C vorheizen. In einem sauberen Topf 1½ l Wasser aufkochen. Den Reis abtropfen lassen, 3 Minuten in dem Wasser kochen und wieder abtropfen lassen. Ein Viertel des Reises mit dem Nuss-Sirup mischen, den restlichen Reis in die Garflüssigkeit in die Kasserolle geben. Eine Hälfte des Reises in der Kasserolle mit dem Fleisch, die andere mit der Nussmischung bedecken. Einen fest sitzenden Deckel auflegen und das Gericht 45 Minuten im Backofen garen. Den Pilaw auf einer großen Platte mit dem Nuss-Safran-Reis garniert servieren.

Mandu | Gedämpfte Gemüserollen

Dies ist eine köstliche Variante der chinesischen *char siu bao*, gedämpften Grillfleisch-brötchen (siehe S. 101). Diese weichen, lockeren Brötchen sind mit einer verlocken-den Mischung aus Kohl und Austernpilzen gefüllt. Sie werden als Snack gegessen oder als Auftakt eines Menüs mit zahlreichen Gängen.

1 Das Pflanzenöl in einem Topf mit schwerem Boden bei mittlerer bis hoher Temperatur erhitzen. Knoblauch, Ingwer, Chili und Pilze hineingeben und 2–3 Minuten pfannenrühren, bis die Pilze goldbraun sind und alles aromatisch duftet. Die Zwiebeln hinzufügen und bei mittlerer Hitze 4–5 Minuten anschwitzen, bis sie weich sind.

2 Den Chinakohl, den Pak choi und die Sojasauce dazugeben, dann salzen und pfeffern. Den Kohl zugedeckt bei schwacher Hitze garen, bis er weich ist, aber noch etwas Biss hat. Den Zitronen-saft und das Sesamöl hinzufügen. Den Topf vom Herd nehmen. Den Topfinhalt auf ein Brett geben und grob hacken. Abkühlen lassen, dann die Frühlingszwiebeln untermischen.

3 Aus dem Hefeteig zwölf Kugeln formen. Jede Kugel auf der bemehlten Arbeitsfläche zu einem Kreis mit etwa 8 cm Durch-messer ausrollen. In die Mitte jedes Kreises einen Esslöffel Kohl-mischung setzen. Die Teigränder über der Füllung zusammennehmen und zusammendrücken.

4 Ein Stück Butterbrotpapier in einen Dämpfeinsatz aus Bambus legen. Die Brötchen mit Abstand zueinander daraufsetzen, dann 10–12 Minuten dämpfen, bis sie oben aufgeplatzt sind. Sofort dampfend heiß servieren.

Für 6 Personen

½ EL Pflanzenöl

2 Knoblauchzehen, geschält und fein gehackt

3 cm frischer Ingwer, geschält und fein gehackt

1 kleine getrocknete rote Chilischote, zerdrückt

10 frische Austernpilze, in Stücke gleicher Größe zerzupft

2 Zwiebeln, geschält und fein gehackt

½ Chinakohl, in schmale Streifen geschnitten

2 Pak choi, in schmale Streifen geschnitten

1 EL helle Sojasauce

Saft von 1 Zitrone

1 TL Sesamöl

3 Frühlingszwiebeln, fein gehackt

Salz und frisch gemahlener schwarzer Pfeffer

1 Portion Hefebrötchenteig (siehe S. 101)

Passt zu
Salatkörbchen mit Hähnchenfleisch (S. 124–125)
Salat von Soba-Nudeln mit Lachs (S. 130–131)

Jiaozi | Teigtaschen mit Pilzfüllung

Diese Taschen, die erst gebraten und dann gedämpft werden, sind eine beliebte chinesische Vorspeise. Auch die Japaner mögen sie sehr, dort nennt man sie *gyoza*. Die Füllung kann man variieren und vegetarisch oder mit Fleisch zubereiten.

1 Die Shiitakepilze mit 100 ml kochendem Wasser übergießen und 15 Minuten quellen lassen. Währenddessen etwas Öl in einer Pfanne bei hoher Temperatur erhitzen. Je ein Viertel der Champignons und Austernpilze darin 4 Minuten gut bräunen, herausnehmen. Die übrigen Pilze ebenso portionsweise garen.

2 Die Shiitakepilze abtropfen lassen und grob hacken, das Weichwasser aufbewahren. In der Pfanne noch etwas Öl bei mittlerer bis hoher Temperatur erhitzen und die Hälfte des Knoblauchs und Ingwers darin 1 Minute braten. Die Shiitakepilze hinzufügen und etwa 3 Minuten braten, bis sie gebräunt sind. Das Weichwasser durch ein feines Sieb dazugießen und die Pilze weitere 3–4 Minuten garen, bis das Wasser aufgenommen ist. Die anderen Pilze dazugeben. 1 TL Salz und etwas Pfeffer hinzufügen, dann die Pilze auf ein Brett geben.

3 Den restlichen Knoblauch und Ingwer in der Pfanne mit etwas Öl bei mittlerer Hitze 2 Minuten braten. Die Schalotten darin anschwitzen. Die Pilze in gleich große Stücke hacken und mit der Sojasauce, dem Sesamöl, dem Zucker und Pfeffer in der Pfanne 3–4 Minuten garen, damit die Aromen verschmelzen; abkühlen lassen.

4 Immer 6 Wan-Tan-Blätter gleichzeitig auf die Arbeitsfläche legen und je zwei Teelöffel Füllung daraufsetzen. Die Teigränder mit Wasser bestreichen und die Hüllen zu Halbmonden zusammenklappen. Die Ränder fest verschließen, dann die gerade Seite der Taschen auf die Arbeitsfläche drücken, damit sie aufrecht stehen. In einer großen Pfanne bei mittlerer Temperatur etwas Öl erhitzen und die Taschen darin aufrecht in etwa 2 Minuten goldbraun braten. Den Reiswein angießen, einen Deckel auflegen und die Hitze reduzieren. Die Taschen 3 Minuten dämpfen, herausnehmen und mit dem Essigdip servieren.

Für 4–6 Personen

12 getrocknete Shiitakepilze

Etwa 4 EL Pflanzenöl zum Garen

250 g Champignons, in 3 mm dicke Scheiben geschnitten

250 g frische Austernpilze, zerzupft

3 Knoblauchzehen, geschält und fein gehackt

5 cm frischer Ingwer, geschält und fein gehackt

1 TL Salz

10 g Schalotten, geschält und fein gehackt

1 EL helle Sojasauce

1 EL Sesamöl

1 TL brauner Zucker

24 runde Wan-Tan-Teigblätter (in Asienläden erhältlich)

100 ml Shaoxing-Reiswein (in Asienläden erhältlich)

Frisch gemahlener schwarzer Pfeffer

1 Portion Essigdip (siehe S. 122) zum Servieren

Hua juan | Frühlingszwiebel-Schnittlauch-Brötchen

Dies ist eine Variante der gedämpften chinesischen Brötchen, die häufig als Snack auf der Straße verzehrt werden oder als Teil einer Dim-sum-Platte, die man auf die gleiche Weise isst wie im Westen einen Brunch. Diese blütenförmigen Brötchen sind einfach zuzubereiten und wie viele asiatische Speisen schmecken sie frisch am besten. Die Kombination der Aromen ist fantastisch.

Ergibt 6 Brötchen

1 EL Pflanzenöl

2 Knoblauchzehen, geschält und fein gehackt

1 frische rote Chilischote, von den Samen befreit und fein gehackt

2 Zwiebeln, geschält und fein gehackt

1 EL helle Sojasauce

1 EL Reisessig

8 Frühlingszwiebeln, fein gehackt

1 Bund frischer Schnittlauch, in 1 cm lange Stücke geschnitten

1 Portion Hefebrötchenteig (siehe S. 101)

2 EL Sesamöl

Salz und frisch gemahlener schwarzer Pfeffer

1 Das Pflanzenöl im Wok bei mittlerer bis hoher Temperatur erhitzen und den Knoblauch und den Chili darin 1 Minute garen, bis sie duften. Die Zwiebeln hinzufügen und 3–4 Minuten pfannenrühren, bis sie weich sind. Die Sojasauce und den Essig dazugeben und 1–2 Minuten mitgaren. Die Frühlingszwiebeln und den Schnittlauch hinzufügen, mit Salz und reichlich Pfeffer würzen und 1 Minute pfannenrühren. Vom Herd nehmen und abkühlen lassen.

2 Den Teig halbieren und jede Hälfte auf der bemehlten Arbeitsfläche zu einem 10 x 30 cm großen Rechteck ausrollen. Ein Rechteck großzügig mit der Hälfte des Sesamöls bestreichen und die Hälfte der Zwiebelmischung darauf verteilen. Das zweite Teigstück darauflegen, ebenfalls mit Sesamöl bestreichen und mit der restlichen Zwiebelmischung bedecken.

3 Nun den Teig von einer langen Seite aus wie eine Biskuitrolle aufrollen. Die Enden zusammendrücken, damit das Sesamöl nicht herausläuft. Die Rolle mit dem Handballen ein wenig flach drücken, dann in 4 cm dicke Stücke schneiden. Die Mitte jedes Stückes parallel zu den Schnittseiten mit einem Essstäbchen eindrücken. Jedes Teigstück an den runden Seiten fassen, diese unter dem Brötchen zusammenführen und zusammendrücken. Dadurch »erblühen« die Brötchen beim Dämpfen.

4 Einen Dämpfeinsatz aus Bambus mit Butterbrotpapier auslegen. Die Brötchen mit so viel Abstand auf das Papier setzen, dass sie aufgehen können, dann 10–12 Minuten dämpfen, bis die Oberseiten »aufgeblüht« sind. Die Brötchen sofort servieren.

Passt zu
Pfannengerührtes grünes Gemüse (S. 18–19)
Schweinelende mit Minze und Erdnüssen (S. 158–159)

Laksa lemak | Kokos-Laksa aus Singapur

In Singapur gibt es zwei Hauptarten Laksa, *penang laksa* und *laksa lemak*, davon aber zahllose Varianten. Dies ist ein würziges *laksa lemak* mit Kokosmilch, Fisch und Meeresfrüchten, man kann aber auch Huhn oder Tofu und Gemüse verwenden.

Für 6 Personen

400 g rohe Garnelen mit Schale

4 Knoblauchzehen (Keime entfernt), geschält und gehackt

2 TL frisch gemahlene Koriandersamen

1 TL gemahlene Kurkuma

4 frische rote Chilischoten, von den Samen befreit und fein gehackt

8 Schalotten, fein gehackt

1 TL Garnelenpaste

2 EL Macadamianüsse

400 g Reis-Fadennudeln (Reis-Vermicelli)

1 kleine Salatgurke

2 Stängel Zitronengras

2 EL Pflanzenöl

1 TL Salz

1 TL Zucker

300 ml Kokosmilch

250 g festfleischiges Fischfilet, etwa Snapper oder Meerbrasse, in 2 cm große Würfel geschnitten

Saft von 2 Limetten

1 Handvoll Korianderblätter

200 g Bohnensprossen, verlesen und gewaschen

1 Handvoll frische Minzeblätter

Frisch gemahlener schwarzer Pfeffer

Limettenspalten zum Servieren

1 In einem Topf 500 ml Wasser aufkochen. Die Garnelen darin 2 Minuten garen, bis sie sich rosa färben. Herausnehmen, die Garflüssigkeit aufbewahren. Die Garnelen schälen und mit einem scharfen Messer die Därme entfernen. Beiseitestellen.

2 Den Knoblauch mit dem Koriander und der Kurkuma im Mörser zerstoßen. Zuerst den Chili und die Schalotten hinzufügen und zerreiben, dann die Garnelenpaste und die Nüsse. Etwas Wasser hinzufügen und alles zu einer Würzpaste zerreiben. Beiseitestellen.

3 Die Nudeln mit kochendem Wasser übergießen und 2 Minuten quellen lassen. In ein Sieb abgießen. Die Gurke in 4 cm lange Stücke und diese in Scheiben schneiden, sodass die Samen in der Mitte übrigbleiben. Die Samen wegwerfen. Die Scheiben in Stifte schneiden. Das Zitronengras von den Hüllblättern befreien und mit dem Messerrücken zerdrücken.

4 Das Öl in einem Topf bei mittlerer Temperatur erhitzen und die Würzpaste darin etwa 5 Minuten pfannenrühren, bis sie duftet. Das Garwasser der Garnelen, das Zitronengras, das Salz und den Zucker hinzufügen und aufkochen, dann die Kokosmilch dazugeben und 8–10 Minuten köcheln lassen, bis die Flüssigkeit dick wird.

5 Die Nudeln auf sechs tiefe Schalen verteilen. Den Fisch pfeffern und in der köchelnden Flüssigkeit 3–4 Minuten pochieren, bis er gar ist. Die Hälfte des Limettensafts und der Korianderblätter dazugeben und das Gericht abschmecken. 30 Sekunden vor Ende der Garzeit die Garnelen und Bohnensprossen hinzufügen. Fisch, Garnelen und Sprossen auf die Nudeln geben und die Suppe darüberschöpfen. Mit den restlichen Koriander- und Minzeblättern, den Gurkenstiften und Limettenspalten garnieren.

Bakwan kepiting | Fleischbällchensuppe nach Nonya-Art

Die kreative und charakteristische Nonya-Küche ist eine Mischung aus chinesischer und malaiischer Küche mit indonesischen und thailändischen Anklängen. Die Nonya verwenden reichlich frischen Koriander, aber weniger getrocknete Gewürze als in Malaysia üblich, und hauptsächlich Koriandersamen, Kreuzkümmel und Fenchelsamen.

1 Die Shiitakepilze mit kochendem Wasser bedecken, 30 Minuten quellen lassen und nach dem Abtropfen fein hacken. Das Pilzwasser aufbewahren. Den Spargel putzen und schräg in 3 cm lange Stücke schneiden; beiseitestellen.

2 Für die Fleischbällchen die Pilze, das Hackfleisch, die Garnelen, das Krebsfleisch, den Chili, die Frühlingszwiebeln, das Ei und die Maisstärke in einer Schüssel vermischen. Die Masse großzügig salzen und pfeffern. Etwas davon in einer Pfanne braten, dann probieren und die restliche Masse nach Geschmack nachwürzen.

3 Für die Suppe das Pflanzenöl in einem Topf mit schwerem Boden bei mittlerer bis hoher Temperatur erhitzen und den Knoblauch darin in 1–2 Minuten goldbraun und knusprig braten. Mit dem Schaumlöffel herausnehmen und auf Küchenpapier abtropfen lassen. Den Hühnerfond in den Topf gießen und aufkochen lassen, dann die Hitze so weit reduzieren, dass er noch köchelt. Die Sojasauce und das Pilzwasser hinzufügen.

4 In der Zwischenzeit aus der Fleischmasse etwa 2,5 cm große Bällchen formen. Die Bällchen in der köchelnden Flüssigkeit 4–5 Minuten garen. Wenn sie gar sind, steigen sie an die Oberfläche.

5 Den Spargel 2 Minuten vor Garzeitende dazugeben. Die Suppe mit Salz und schwarzem Pfeffer abschmecken sowie mit etwas Limettensaft, der die Aromen intensiviert. 1 Minute vor Ende der Garzeit die Bohnensprossen hinzufügen. Die Suppe in Servierschalen schöpfen und die Fleischbällchen darauf verteilen. Mit dem gebratenen Knoblauch und den Korianderblättern garnieren.

Für 4–6 Personen

2 getrocknete Shiitakepilze

8 Stangen grüner Spargel

250 g mageres Schweine-
   hackfleisch

150 g rohe Garnelen, geschält
   und nach Entfernen der Därme
   fein gehackt

150 g verlesenes Krebsfleisch

2 frische rote Chilischoten,
   von den Samen befreit und
   fein gehackt

3 Frühlingszwiebeln, fein gehackt

1 Ei, leicht verquirlt

½ TL Maisstärke

1 EL Pflanzenöl

3 Knoblauchzehen (Keime entfernt), geschält und in dünne
   Scheiben geschnitten

1 l Hühnerfond

2 EL helle Sojasauce

Saft von 1 Limette

100 g Bohnensprossen, verlesen
   und gewaschen

1 Handvoll frische Korianderblätter

Salz und schwarzer Pfeffer

Passt zu
Bohnensprossen mit
scharfer Bohnenpaste (S. 21)
Burmesische Fischküchlein
(S. 80)

Sambal babi | Pikantes Schweinefleisch nach Nonya-Art

Dieses einfache Schweinefleisch-Gericht aus Singapur ist mit seinen ausgewogenen Aromen typisch für die Nonya-Küche und zugleich scharf, süß, salzig und sauer. Besonders gut eignet es sich als Teil einer größeren Mahlzeit.

Für 4 Personen

500 g mageres Schweinefleisch

4 getrocknete Chilischoten

8 Schalotten, geschält und gehackt

1 TL Garnelenpaste

2 EL Pflanzenöl

3 EL Tamarindenpaste (siehe S. 154)

1 TL Zucker

1 EL helle Sojasauce

1 Handvoll frische Koriander- blätter

Salz und frisch gemahlener schwarzer Pfeffer

1 Das Schweinefleisch in etwa 1 cm dicke Scheiben schneiden und diese wiederum in 5 cm lange und 1 cm breite Streifen. Die Chilischoten mit kochendem Wasser übergießen und quellen lassen, bis sie weich sind. Die Samen entfernen und wegwerfen, die Schoten fein hacken.

2 Den Chili, die Schalotten und die Garnelenpaste im Mörser zu einer feinen Paste zerreiben. Das Öl bei mittlerer Temperatur im Wok erhitzen und die Paste darin behutsam 4–5 Minuten braten, bis sie aromatisch duftet.

3 Die Fleischscheiben hinzufügen und braten, bis sie rundum goldbraun und mit Würzpaste überzogen sind. Die Tamarindenpaste und den Zucker hinzufügen, dann das Fleisch salzen und pfeffern. Zum Schluss die Sojasauce und so viel kaltes Wasser dazugeben, dass das Fleisch fast bedeckt ist. Das Gericht ohne Deckel köcheln lassen, dabei häufig umrühren, damit das Fleisch nicht ansetzt. Wenn die Sauce eingedickt ist, die Korianderblätter dazugeben und das Gericht heiß servieren.

Passt zu
Sardinen mit Chili-Sambal
(S. 44–45)
Tofusalat nach Nonya-Art
(S. 136–137)

Frisch und aromatisch

In vielen asiatischen Küchen gilt das Wort »frisch«
nicht nur für Salate, auch wenn es dort – und
natürlich in diesem Kapitel – Salate in Hülle und
Fülle gibt: Frische Kräuter und Früchte, knackiges
Gemüse, Nüsse, kühlender Joghurt und Saucen
kombiniert man auf die vorteilhafteste Weise zu
einem Salat. Doch es gibt weitere »frische« Gerichte
wie etwa gekühlte Meeresfrüchte und frisch schmeckende Chutneys, und man wickelt Speisen sogar
in Kräuter und Gemüse. Typisch für alle Gerichte
ist der aromatische Kick von Gewürzen und anderen Würzzutaten.

Sesam-Hähnchenbrust-Salat mit weißem Pfeffer

Mit Hähnchenfleisch zubereiteten Salat gibt es in Südostasien und China in vielen Varianten. Dieser stammt aus der chinesischen Provinz Yunnan nahe der Grenzen zu Burma, Vietnam und Laos. Durch die Verwendung von Koriander und Chilischoten erinnert er an Rezepte dieser Länder. Er kann mit Reis oder Nudeln als eigenständige Mahlzeit oder als Teil eines asiatischen Buffets serviert werden.

Für 4–6 Personen

6 Stangen Staudensellerie, aus dem Herz der Staude

1 Handvoll Koriandergrün, Blätter abgezupft, Stängel aufbewahrt

4 cm frischer Ingwer, geschält und fein gehackt (Schale für die Brühe aufbewahrt)

6 weiße Pfefferkörner

3 Hähnchenbrustfilets, ingesamt 500–600 g

2 Knoblauchzehen (Keime entfernt), geschält und fein gehackt

2 frische grüne Chilischoten, von den Samen befreit und fein gehackt

4 Frühlingszwiebeln, fein gehackt

2 EL helle Sojasauce

2 EL Reisessig

½ TL Salz

1 TL Zucker

1 TL gemahlener weißer Pfeffer

2 EL Sesamöl

2 EL Sesam

Passt zu
Gedämpfte Gemüserollen (S. 105)
Gebratene Garnelen mit Tamarinde (S. 154–155)

1 In einem Topf Wasser erhitzen. 2 Selleriestangen, die Korianderstängel, die Ingwerschale und die Pfefferkörner hineingeben. Sobald die Brühe kocht, die Hähnchenbrüste hineinlegen und die Brühe erneut aufkochen lassen. Dann das Fleisch 5 Minuten köcheln lassen, dabei mit dem Schaumlöffel an der Oberfläche entstehenden Schaum abschöpfen. Den Deckel auflegen. Den Topf vom Herd nehmen und 20 Minuten stehen lassen – dadurch gart das Fleisch perfekt und bleibt saftig. Nach 20 Minuten das Fleisch herausheben und abkühlen lassen. (Die Brühe für ein anderes Gericht aufbewahren.)

2 Den restlichen Sellerie zuerst in dünne Scheiben und dann in streichholzgroße Stifte schneiden. In einem kleinen Topf Wasser aufkochen und den Sellerie darin 10 Sekunden blanchieren, dann kalt abschrecken, um den Garprozess zu beenden. Abgießen, abtropfen lassen und beiseitestellen.

3 Für das Dressing den Knoblauch, den Chili, den Ingwer, die Frühlingszwiebeln, die Sojasauce, den Essig, das Salz, den Zucker und den gemahlenen Pfeffer vermischen und stehen lassen, damit sich die Aromen verbinden. Die Hähnchenbrust in etwa 1 cm breite und 3 cm lange Streifen zupfen. Das Fleisch mit dem Sellerie und Sesamöl vermischen. Das Dressing hinzufügen und den Salat 5 Minuten durchziehen lassen.

4 Währenddessen eine kleine Pfanne bei mittlerer Temperatur erhitzen und den Sesam darin ohne Fett in 3–4 Minuten goldbraun rösten. Die Korianderblätter zerzupft in den Salat geben und den Sesam darüberstreuen. Den Salat durchheben und servieren.

Katsuo tataki | Marinierter Thunfisch mit Ingwer

Dies ist eine einfache Methode, frischen Thunfisch für eine asiatische Sommer-mahlzeit zuzubereiten. Der Fisch wird scharf angebraten und dann mariniert, wodurch er viel Aroma erhält und seine Konsistenz verändert. Diese Zubereitungsart eignet sich auch für Rindfleisch oder Filet vom Wild. Das säuerliche Dressing ergänzt hervor-ragend die Süße des Fischs.

1 Eine Pfanne mit schwerem Boden bei mittlerer bis hoher Tempe-ratur erhitzen. Den Thunfisch quer zur Faser halbieren und beide Stücke noch einmal längs, sodass man vier lange Stücke erhält. Die Stücke im Sesam rollen, dann großzügig mit Salz, Pfeffer und dem Siebengewürz würzen.

2 Vier Stücke Alufolie neben der Pfanne bereitlegen. Das Öl in die heiße Pfanne geben und die Fischstücke darin auf einer Seite 20–30 Sekunden scharf anbraten, bis der Sesam goldbraun ist. Vorsichtig wenden und auf der anderen Seite anbraten. Die Fischfilets aus der Pfanne nehmen, jeweils auf ein Stück Alufolie setzen und fest in die Folie wickeln. Die Päckchen 30 Minuten tiefkühlen. Dadurch wird der Garprozess beendet und zudem lässt sich der Fisch anschließend leichter schneiden.

3 Währenddessen den Ingwer zuerst in dünne Scheiben und dann in Stifte schneiden. Den Knoblauch mit etwas Salz mit der flachen Seite eines Messers zu einer Paste zerdrücken. Dann mit dem Zitronensaft, dem Reiswein, dem Essig und der Sojasauce vermischen. Die Marinade in ein flaches Gefäß gießen.

4 Den Thunfisch aus dem Gefriergerät nehmen, auswickeln und in die Marinade legen. Je die Hälfte des Ingwers und der Frühlings-zwiebeln hinzufügen. Den Fisch 10 Minuten marinieren, dabei regel-mäßig wenden, damit die Marinade eindringen kann, dann auf einem Brett mit einem scharfen Messer in 2–3 mm dicke Scheiben schnei-den. Innen sind die Scheiben roh, außen haben sie eine Sesamkruste. Auf Tellern oder einer Platte anrichten und die Marinade darüber-träufeln. Die restlichen Ingwerstifte und Frühlingszwiebeln aufstreuen.

Für 4 Personen

500 g frisches Thunfischfilet
am Stück

4 EL Sesam

1 TL japanisches Siebengewürz
(*shichimi togarashi*, in Asien-läden erhältlich)

Etwas Pflanzenöl

4 cm frischer Ingwer, geschält

1 Knoblauchzehe (Keim entfernt),
geschält und fein gehackt

Saft von ½ Zitrone

2 EL japanischer Reiswein
(vorzugsweise Mirin)

2 EL Reisessig

3 EL japanische Sojasauce
(vorzugsweise *tamari*)

4 Frühlingszwiebeln, fein gehackt

Salz und frisch gemahlener
schwarzer Pfeffer

Passt zu
Mariniertes Rindfleisch vom
Grill (S. 52–53)
Scharf-saurer Salat von grüner
Papaya (S. 144–145)

Ponzu | Zitrusdip

Ponzu ist eine köstliche Sauce für frischen Fisch und Krusten- oder Schalentiere, die roh, scharf angebraten oder leicht gegart sein können. Der Name stammt aus der Zeit, als sich holländische Händler in Japan aufhielten. *Pon* leitet sich von dem holländischen Wort für »Zitrus« ab, und *zu*, oder *su*, ist das japanische Wort für Essig. Die Zutaten für diesen Dip sind in Asienläden und guten Naturkostgeschäften erhältlich. Die Zubereitung ist einfach, muss aber mindestens 24 Stunden bevor man den Dip benötigt erfolgen. Da sich der Dip im Kühlschrank gut hält, kann man immer eine größere Menge zubereiten.

Für 6–8 Personen

1 Stück *kombu* (getrockneter Seetang), 6 x 8 cm groß

250 ml frisch gepresster Zitronensaft

250 ml frisch gepresster Limettensaft

100 ml Reisessig

100 ml japanischer Reiswein (vorzugsweise Mirin)

5 EL japanische Sojasauce

40 g Bonito-Flocken

1 Den Kombu mit einer Küchenzange vorsichtig auf jeder Seite 10–15 Sekunden über eine Gasflamme oder unter den heißen Grill halten, dann mit allen anderen Zutaten in eine Schüssel geben. Zugedeckt für 24 Stunden in den Kühlschrank stellen, damit sich die Aromen entfalten können.

2 Die Flüssigkeit durch ein Sieb in eine Servierschüssel gießen und als Dip für Sushi, Sashimi oder frittierte Krustentiere, Schalentiere und Meeresfrüchte verwenden.

Essigdip Der schwarze Chinkiang-Essig kommt aus Chinas Norden und hat ein komplexes rauchiges Aroma. Er reift auf ähnliche Weise wie Balsamico-Essig und passt ausgezeichnet zu Teigtaschen (siehe S. 106–107), kann aber verwendet werden, wo immer ein Essigdip benötigt wird. Zur Zubereitung 150 ml Chinkiang-Essig, 1 TL Zucker und geriebenen Ingwer (3 cm) in einem kleinen Topf aufkochen. 2 Minuten köcheln lassen, dann von der Kochstelle nehmen und 2 fein gehackte Frühlingszwiebeln hinzufügen. Den Dip als Beilage reichen.

Passt zu
Frühlingsrollen mit
Garnelen (S. 72–73)
Sesam-Tempura (S. 78–79)

Kung sang wa | Garnelensalat mit Limettenblättern

Dieser erfrischende Salat ist eine gute Vorspeise für eine Party. Man benötigt etwa 10 Minuten, um die vorbereiteten Zutaten zusammenzustellen, dann lässt man die Garnelen 4 Minuten ziehen. Wichtig ist, die fasrigen, intensiv schmeckenden Zutaten in feine Streifen zu schneiden, damit man all die belebenden Aromen mit einem Bissen in den Mund bekommt. Es können auch andere gegrillte Krustentiere wie Hummer oder Krebse verwendet werden – alle liefern die notwendige Süße.

1 Die Garnelen auf dem Holzkohlengrill oder in einer geriffelten gusseisernen Grillpfanne in der Schale auf jeder Seite 2 Minuten grillen, um ihr Aroma zu intensivieren. Die Garnelen schälen, von den Därmen befreien und klein schneiden. Beiseitestellen.

2 Die Zitronengrasstängel von den harten äußeren Blättern befreien und in feine Ringe schneiden. Den Ingwer schälen, zuerst in dünne Scheiben und dann in schmale Streifen schneiden. Die Schalotten längs halbieren, dann so in möglichst dünne Scheiben schneiden, dass die Scheiben am unteren Ende verbunden bleiben. Die hervorstehenden Stiele auf der Rückseite der Limettenblätter mit einem scharfen Messer herausschneiden. Dann die Blätter fest aufrollen und mit dem Messer in einer fließenden Bewegung in nadeldünne Streifen schneiden.

3 Den Limetten- und Orangensaft mit der Fischsauce und dem Zucker verrühren, bis sich der Zucker aufgelöst hat. Die Garnelen mit den Limettenblattstreifen 3 Minuten darin marinieren, währenddessen die Minze- und Korianderblätter abzupfen. Die Minzeblätter aufrollen und wie die Limettenblätter in dünne Streifen schneiden, die Korianderblätter grob zerzupfen. Alle verbliebenen Zutaten unter die Garnelen mischen, die Kräuter zuletzt. Den Salat abschmecken und eventuell nachwürzen. Garnelen und Zucker liefern Süße, Chili Schärfe, Limettensaft und -blätter sowie Zitronensaft Säure und die Fischsauce den salzigen Geschmack. Sofort servieren.

Für 6 Personen

12 große ungeschälte rohe Garnelen

2 Stängel Zitronengras

4 cm frischer Ingwer

4 Schalotten, geschält

5 zarte Kaffirlimettenblätter

2 EL frisch gepresster Limettensaft

2 EL frisch gepresster Orangensaft

2 EL Fischsauce (vorzugsweise *nam pla*)

1 TL Zucker

4 Stängel frische Minze

4 Stängel Koriandergrün

2 mittelscharfe frische rote Chilischoten, von den Samen befreit und fein gehackt

3 Frühlingszwiebeln, in feine Ringe geschnitten

Passt zu
Pilgermuscheln mit Koriander-Chutney (S. 16–17)
Gegrillte Rindfleischbällchen mit Dip (S. 26–27)

San choy bau | Salatkörbchen mit Hähnchenfleisch

San choy bau bedeutet so viel wie »rohes Gemüse« und bezieht sich auf den knackigen Salat, der als Schale für diese warme Köstlichkeit, die durch ihre kontrastierenden Aromen und Konsistenzen besticht, dient. Anstelle von Hähnchen eignet sich auch Schweinefleisch, Taube, Ente oder eine Mischung verschiedener Fleischsorten.

Als Vorspeise für 6 Personen

500 g Hähnchenschenkelfilet

3 EL Shaoxing-Reiswein

3 EL helle Sojasauce

2 TL Sesamöl

8 getrocknete Shiitakepilze

150 g geschälte Wasserkastanien

1 TL Zucker

1 Knoblauchzehe (Keim entfernt), geschält und fein gehackt

4 cm frischer Ingwer, geschält und fein gehackt

2 frische rote Chilischoten, von den Samen befreit und fein gehackt

4 Frühlingszwiebeln, fein gehackt

Pflanzenöl zum Garen

12 knackige Salatherzenblätter

Salz und frisch gemahlener schwarzer Pfeffer

Passt zu
Marinierte und gegrillte
Makrelen (S. 22–23)
Eingelegte Gurke nach Art
Sichuans (S. 152)

1 Das Fleisch mit 2 EL Reiswein, 1 EL Sojasauce und 1 TL Sesamöl in der Küchenmaschine fein hacken. Die Masse zugedeckt 1–2 Stunden in den Kühlschrank stellen. Die Shiitakepilze in einer Schüssel mit kochendem Wasser bedecken und 30 Minuten quellen lassen. Aus dem Wasser nehmen und über der Schüssel ausdrücken, das Pilzwasser aufbewahren. Die Stiele der Pilze wegwerfen, die Hüte hacken und beiseitestellen.

2 Die Wasserkastanien in kochendem Wasser 1 Minute blanchieren, in kaltem Wasser abschrecken, grob hacken und beiseitestellen. 60 ml Pilzwasser mit 1 EL Reiswein, 2 EL Sojasauce und 1 TL Sesamöl mischen. Den Zucker hinzufügen und unter Rühren auflösen. Die Würzsauce beiseitestellen.

3 Den Wok stark erhitzen. 2 EL Pflanzenöl hineingeben und den Wok schwenken, um es zu verteilen. Knoblauch, Ingwer, Chili und Frühlingszwiebeln darin 20 Sekunden pfannenrühren. Das Fleisch dazugeben und 3–4 Minuten unter Rühren braten, bis es gebräunt ist, große Stücke zerteilen. Aus dem Wok nehmen und beiseitestellen. Den Wok säubern, wieder auf den Herd stellen und weitere 2–3 EL Pflanzenöl hineingeben. Die Pilze und Wasserkastanien darin bei starker Hitze 1 Minute anbraten.

4 Die Würzsauce hinzufügen und 1–2 Minuten kochen lassen. Das Fleisch wieder in den Wok geben und rühren, bis fast die gesamte Flüssigkeit verdampft ist. Die Masse großzügig salzen und pfeffern und abschmecken. In einer großen Schüssel servieren, die Salatblätter dazureichen. Zum Essen etwas von der warmen Fleischmischung auf ein Salatblatt löffeln, das Blatt drum herum aufrollen und das Päckchen genießen.

Khayanthee thoke | Salat von gegrillter Aubergine

Burmas Küche ist in Asien einzigartig. Beeinflusst wurde sie von ihren beiden riesigen Nachbarn Indien und China, aber es finden sich in ihr auch Zutaten und Garmethoden aus ganz Südostasien. Infolge des chinesischen Einflusses werden in Burma viele Nudelsorten verwendet, aus Indien kommen Kreuzkümmel, Koriandersamen und Kurkuma sowie viele Bohnen- und Linsenarten. Zudem gibt es zahlreiche Produkte aus fermentiertem Fisch und Meeresfrüchten von Garnelenpaste bis Fischsauce ähnlich denen in anderen Teilen Südostasiens.

Für 4–6 Personen

75 g ungeröstete Erdnüsse ohne Haut

2 große Auberginen

1 Zwiebel

2 EL Pflanzenöl

4 Knoblauchzehen (Keime entfernt), geschält und in Scheibchen geschnitten

1 EL Sesam

½ EL Tamarindenpaste (siehe S. 154)

1 EL Fischsauce (vorzugsweise *nam pla*)

2 frische rote Chilischoten, von den Samen befreit und fein gehackt

1 kleine Handvoll frische Korianderblätter, grob gehackt

Papadams zum Servieren (nach Belieben)

1 Die Erdnüsse auf einem Blech verteilen und im 200 °C heißen Backofen in 4–5 Minuten goldbraun rösten. Beiseitestellen. Die Auberginen unter dem elektrischen Grill oder auf dem Char-Grill grillen, bis die Haut rundum schwarz und das Fleisch weich ist. Abkühlen lassen, dann die Haut abziehen und wegwerfen. Das Fleisch mit einer Gabel leicht zerdrücken und beiseitestellen. Die Zwiebel in dünne Scheiben schneiden und 10 Minuten in kaltes Wasser legen. Abtropfen lassen.

2 In der Zwischenzeit das Öl in einem kleinen Topf bei mittlerer bis hoher Temperatur erhitzen. Den Knoblauch darin 1–2 Minuten braten, bis er goldgelb und knusprig ist – er darf nicht zu dunkel werden, weil er sonst bitter schmeckt. Mit dem Schaumlöffel heraus-heben und beiseitestellen. Das Öl aufbewahren. In einer kleinen Pfanne den Sesam ohne Fett in 1–2 Minuten goldbraun rösten. Vom Herd nehmen.

3 Das Auberginenfleisch und die Zwiebelscheiben in einer Schüs-sel vermischen. Die Erdnüsse zerstoßen und zusammen mit dem Sesam über das Gemüse streuen. Die Tamarindenpaste, die Fischsauce, den Chili und das Knoblauchöl zu einem Dressing ver-rühren und über die Auberginen gießen und diese mit dem Koriander bestreut als Salat oder auf Papadamstücken mit dem Koriander garniert als Snack oder Appetithäppchen servieren.

Passt zu

Entenfleisch-Sates aus Sumatra (S. 50–51)
Knusprige Erdnusswaffeln (S. 65)
Malaiisches Rindfleisch-Rendang (S. 148–149)

Salat von Soba-Nudeln mit Lachs

Soba-Nudeln werden aus Buchweizen hergestellt, sind reich an Vitamin B und schmecken sowohl heiß als auch kalt wunderbar. Sie können mit verschiedensten Zutaten wie Gemüse, Fisch oder auch Fleisch kombiniert werden. Am besten sind frische Soba-Nudeln, man kann aber ebenso gut getrocknete verwenden wie bei diesem Salat. Nach dem Garen spült man sie unter reichlich kaltem Wasser ab, um die klebrige Stärke zu entfernen.

1 Den Spargel schräg in 3 cm lange Stücke schneiden. Für das Dressing den Ingwer und die Wasabi-Paste in einer Schüssel vermischen, dann die restlichen Zutaten für das Dressing unterrühren. Das Dressing beiseitestellen.

2 Eine geriffelte gusseiserne Grillpfanne oder eine Grillplatte bei hoher Temperatur erhitzen (Öl ist nicht notwendig). Die Lachsfilets salzen und pfeffern und auf jeder Seite 2 Minuten grillen, sodass sie außen dunkle Streifen haben, innen aber noch roh sind. Der Fisch gart nach dem Grillen weiter, sodass er nach dem Abkühlen leicht rosa ist.

3 In der Zwischenzeit den Spargel in einer Schüssel mit etwas Öl sowie Salz und Pfeffer mischen und dann in der gusseisernen Grillpfanne etwa 4 Minuten grillen, bis er rundum gebräunt ist. Den Spargel nicht übergaren – er sollte noch Biss haben. Gleichzeitig den Sesam in einer Pfanne bei schwacher Hitze ohne Fett einige Minuten rösten, aufpassen, dass er nicht verbrennt.

4 In einem großen Topf Salzwasser aufkochen. Die Nudeln darin in 4–5 Minuten al dente garen. In einen Durchschlag abgießen, mit reichlich kaltem Wasser abspülen und abtropfen lassen. Die kalten Nudeln in eine große Schüssel geben. Das Dressing darübergießen, dann den Chili und die Frühlingszwiebeln untermischen. Die Nudeln abschmecken. Den Lachs in Stücken zu den Nudeln geben, dann den gegrillten Spargel. Den Salat vorsichtig durchheben und mit dem Sesam bestreut sofort servieren.

Für 4 Personen

500 g frischer grüner Spargel, geputzt

2 Lachsfilets, jeweils etwa 200 g

Etwas Pflanzenöl

4 EL Sesam

400 g Soba-Nudeln (in Asienläden erhältlich)

1 frische rote Chilischote, von den Samen befreit und fein gehackt

4 Frühlingszwiebeln, in feine Ringe geschnitten

Salz und frisch gemahlener schwarzer Pfeffer

Für das Dressing

4 cm frischer Ingwer, geschält und fein gerieben

2 TL Wasabi-Paste (in Asienläden erhältlich)

3 EL helle Sojasauce

2 EL Sesam

2 EL Reisessig

100 ml Dashi-Brühe (siehe S. 97)

Passt zu
Miso-Suppe mit Hähnchenbrust (S. 96–97)
Frühlingszwiebel-Schnittlauch-Brötchen (S. 110–111)

Manda uppilittathu | Renas südindische Mango-Pickles

Für diese fantastischen Mango-Pickles werden unreife grüne Mangos verwendet, nicht die süßeren reifen Mangos wie bei anderen Pickles. Mit ihrer Frische und ihren ausgewogenen Aromen und Konsistenzen passen sie wunderbar zu Fisch- und Gemüsegerichten. Sollten Sie keine Curryblätter bekommen, verwenden Sie stattdessen frische Korianderblätter.

Für 6 Personen

2 unreife grüne Mangos

5 Schalotten, geschält und in dünne Scheiben geschnitten

3 große grüne frische Chilischoten, von den Samen befreit und fein gehackt

1 TL Salz

3 EL Pflanzenöl

½ TL schwarze Senfkörner

2 gestrichene TL Chilipulver

½ TL gemahlene Kurkuma

1 gestrichener TL gemahlener Asant

10 Curryblätter (vorzugsweise frisch)

Etwas Zitronensaft (nach Belieben)

1 Die Mangos schälen und das Fruchtfleisch in 1 cm große Würfel schneiden. Mit den Schalotten und den Chilischoten in einer Schüssel mischen und das Salz darüberstreuen. 30 Minuten beiseitestellen.

2 Das Öl in einem Topf mit schwerem Boden bei mittlerer bis hoher Temperatur erhitzen. Die Senfkörner hineingeben und etwa 30 Sekunden rühren, bis sie zu platzen beginnen. Die restlichen Gewürze, die Curryblätter und den Saft, den die gesalzenen Mangos abgegeben haben, dazugeben. Die Mischung bei hoher Temperatur 2 Minuten erhitzen, bis sie aromatisch duftet.

3 Die Gewürzmischung über die Mangowürfel gießen und unterrühren, dann die Pickles abschmecken und eventuell nachsalzen. Die frisch schmeckenden scharfen, süßen, salzigen und sauren Aromen sind ausgewogen. Sollte die Säure nicht durchkommen, etwas Zitronensaft zu den Pickles geben. Die Pickles abkühlen lassen und dann noch einmal abschmecken, damit die Balance der Aromen gewährleistet ist.

Passt zu
Würzige Kichererbsenringe aus Kerala (S. 56–57)
Möhren-Pachadi (S. 162–163)

Chamandhi | Frisches Kokosnuss-Chutney

Dieses köstliche Chutney aus dem Süden Indiens passt zu vielen Speisen. Perfekt ergänzt es Gerichte mit gegrilltem Fisch oder mariniertem Hähnchen, und man findet es gleichermaßen in Indien, Sri Lanka und Singapur. Aber Vorsicht: Es wird bald nichts mehr davon übrig sein, denn es schmeckt so lecker, dass niemand widerstehen kann.

1 Knoblauch und Ingwer im Mörser zerreiben. Salz und gehackte Chilischote hinzufügen und zerstoßen, bis eine glatte Paste entstanden ist. Die Kokosraspeln mit 2 EL Wasser hinzufügen, zerreiben (bei Verwendung von eingeweichten Kokosraspeln kann man 2 EL Weichwasser zugeben) und so eine dicke Paste herstellen.

2 Das Öl in einer Pfanne bei mittlerer bis hoher Temperatur erhitzen. Die Senfkörner hineingeben und 20–30 Sekunden braten, bis sie zu knacken und aromatisch zu duften beginnen. Die Schalotten, die Curryblätter und die Chiliflocken hinzufügen und 2–3 Minuten garen, bis sie weich sind. Vom Herd nehmen und mit der Kokosnusspaste vermischen.

3 Zum Schluss die Korianderblätter und den Limettensaft dazugeben und die Curryblätter herausfischen, da nur ihr Aroma erwünscht ist. Alles noch einmal sorgfältig vermischen und das Chutney abschmecken. Die Kokosnuss ist süß und der Chili scharf, während Gewürze und Limettensaft die Schwere der Kokosnuss ausgleichen. Die Aromen sollten sich im Gleichgewicht befinden. Eventuell noch Salz oder Limettensaft hinzufügen.

Für 6–8 Personen

1 Knoblauchzehe (Keim entfernt), geschält und fein gehackt

2 cm frischer Ingwer, geschält

½ TL Salz

1 frische grüne Chilischote, von den Samen befreit und fein gehackt

200 g Kokosnuss, frisch geraspelt (es können auch in warmem Wasser eingeweichte Kokosraspeln verwendet werden)

1 EL Pflanzenöl

1 TL braune Senfkörner

3 Schalotten, geschält und in dünne Scheiben geschnitten

1 Zweig Curryblätter (vorzugsweise frisch)

½ TL Chiliflocken

30 frische Korianderblätter

Saft von 1 Limette

Passt zu
Gegrillte Hähnchenbrust nach Art Isaans (S. 40–41)
Auberginenküchlein aus Gujarat (S. 82–83)

Knackiger Kohlsalat mit Erdnüssen

Dieser wunderbar knackige, erfrischende Salat stimuliert alle Sinne. Die unterschiedlichen Zutaten und interessanten Konsistenzen begeistern das Auge, während die ausgewogenen Aromen die Geschmacksknospen stimulieren. Dieses Rezept stammt aus Laos im Herzen Südostasiens. Ähnliche Gerichte findet man aber auch in Thailand, Vietnam und Singapur.

Für 4–6 Personen

100 g ungeröstete Erdnüsse ohne Haut

1 fester weißer Chinakohl

4 cm frischer Ingwer, geschält

1 EL Olivenöl

6 Schalotten, geschält und in dünne Scheiben geschnitten

1 Knoblauchzehe, geschält und fein gehackt

2 frische rote Chilischoten, von den Samen befreit und fein gehackt

1 EL brauner Zucker

Saft von 2 Limetten

3 EL helle Sojasauce

1 EL Reisessig

3 Frühlingszwiebeln, fein gehackt

1 Handvoll frische Minzeblätter

1 Handvoll frische Korianderblätter

Salz und frisch gemahlener schwarzer Pfeffer

Passt zu
Nordvietnamesische Fischspießchen (S. 46–47)
Rindfleisch mit Tamarinde und Erdnüssen (S. 180–181)

1 Die Erdnüsse auf einem Backblech verteilen und im 200 °C heißen Backofen 4 Minuten rösten oder bis sie goldbraun sind. Herausnehmen und abkühlen lassen, dann grob zerstoßen und beiseitestellen. Die harten Außenblätter des Kohls entfernen. Den Kohl halbieren und den Strunk herausschneiden. Die Blätter in feine Streifen schneiden und in eine große Schüssel geben. Den Ingwer in dünne Scheiben schneiden und diese aufeinandergelegt in schmale Stifte. Beiseitestellen.

2 Eine große Pfanne bei mittlerer bis hoher Temperatur erhitzen. Das Olivenöl hineingeben und die Hälfte der Schalotten darin 2 Minuten unter Rühren karamellisieren lassen. Die Schalotten zur Seite schieben. Den Knoblauch und Chili in der Pfanne 1–2 Minuten pfannenrühren, bis sie duften. Den Zucker und die Hälfte der Erdnüsse hinzufügen. Den Zucker schmelzen lassen, sodass er die Nüsse überzieht. Die Zutaten in der Pfanne vermengen, dann in eine kleine Schüssel füllen.

3 Den Limettensaft, die Sojasauce und den Reisessig verrühren und über die Schalotten-Erdnuss-Mischung gießen. Das Dressing salzen und pfeffern und abschmecken. Es sollte scharf, süß, salzig und sauer sein; eventuell nachwürzen. Dann 2 EL Wasser untermischen – dies verwässert die Aromen nicht, sie sollten sogar recht intensiv sein.

4 Die restlichen Schalotten, die Frühlingszwiebeln und den Ingwer unter den Kohl mischen. Die Minze- und Korianderblätter zerzupft hinzufügen. Das warme Erdnuss-Dressing darübergießen und unterheben, dann den Salat mit den übrigen Erdnüssen bestreut sofort servieren.

Taukwa goreng | Tofusalat nach Nonya-Art

Varianten dieses Gemüsesalats finden sich in der Nonya-Küche von Singapur, Malaysia und Indonesien. Man kann die Nüsse durch Sesam ersetzen und eine beliebige Kombination von rohem, blanchiertem und kurz gegrilltem Gemüse verwenden.

1 Die Gurke längs halbieren und mit einem Teelöffel die Samen entfernen. Die Gurke in Scheiben schneiden. Von den Seiten der Paprikaschote vier Scheiben abschneiden, sodass die Samen im Innern zurückbleiben. Mit einem scharfen Messer die weißen Trennhäute von den Paprikascheiben entfernen und wegwerfen. Die Paprika in schmale Streifen schneiden. Die Zuckerschoten putzen. Je zwei oder drei Schoten aufeinandergelegt der Länge nach in feine Stifte schneiden. Das Gemüse beiseitestellen.

2 Für das Dressing die Nüsse in einer Pfanne ohne Fett bei mittlerer Hitze goldbraun rösten. Die Pfanne gelegentlich rütteln und aufpassen, dass die Nüsse nicht verbrennen. Vom Herd nehmen, abkühlen lassen und hacken. Den Ingwer, den Chili und die Schalotten im Mörser zerreiben. Die Nüsse hinzufügen und zerstoßen. Den Zucker dazugeben und alles zu einer Paste zerreiben. Die Sojasauce und Tamarindenpaste sowie 3 EL warmes Wasser untermischen. Das Dressing ist süß, scharf, salzig und sauer.

3 In einem großen Topf bei mittlerer bis hoher Temperatur Öl zum Frittieren erhitzen. Den Tofu mit Küchenpapier trocken tupfen und 4–5 Minuten im heißen Öl goldbraun frittieren. Auf Küchenpapier abtropfen lassen und in ½ cm dicke Scheiben schneiden.

4 In einem Topf Salzwasser aufkochen. Die Zuckerschoten und Sprossen darin 30 Sekunden blanchieren, dann unter fließendem kaltem Wasser abschrecken, um den Garprozess zu beenden. Das blanchierte Gemüse mit Gurke und Paprika vermischen. Die Tofuscheiben mit dem blanchierten Gemüse, den Frühlingszwiebeln und den Korianderblättern belegen. Das Dressing extra dazureichen und den Salat sofort servieren.

Für 4–6 Personen

1 große Salatgurke

1 rote Paprikaschote

200 g Zuckerschoten

Pflanzenöl zum Frittieren

250 g fester Tofu

150 g Bohnensprossen, gewaschen

2 Frühlingszwiebeln, fein gehackt

1 Handvoll Korianderblätter

Für das Dressing

4 EL ungeröstete Erdnüsse ohne Haut oder ungeröstete Cashewkerne

3 cm frischer Ingwer, geschält und fein gehackt

2 frische rote Chilischoten, von den Samen befreit und fein gehackt

4 Schalotten, geschält und fein gehackt

1 EL Palmzucker oder brauner Zucker

1 EL dunkle Sojasauce

3 EL Tamarindenpaste (siehe S. 154)

Salz und frisch gemahlener schwarzer Pfeffer

Passt zu
Maisküchlein mit Curry
(S. 70–71)
Sambal-Auberginen aus Sumatra
(S. 88–89)

Koriander, Basilikum, Minze

Frische Kräuter sind in Asien unentbehrlich. Koriander, Minze, Thai-Basilikum, Schnittlauch, Brunnenkresse, Vietnamesischer Koriander, Shiso, wilder
Sellerie, Langer Koriander, Dill, Curryblätter – sie
alle verleihen dem Patchwork aus Gerichten einer
asiatischen Mahlzeit aromatische Frische.

In Vietnam werden viele Gerichte mit einem sogenannten »Tischsalat« serviert. Man reicht ihn zu
Suppen, Salaten, Frühlingsrollen und Currys, und
zupft die Blätter in das Essen. Zu solch einem Salat
gehören Koriander, Minze, Thai-Basilikum, Vietnamesischer Koriander, Bohnensprossen und Limettenspalten. Auch in der Türkei und Zentralasien reicht
man zu den Speisen frische Kräuter.

Koriander

Koriander (*Coriandrum sativum*) soll das am
meisten gegessene Kraut der Welt sein und ist
im Süden, Osten, Westen und in der Mitte Asiens
ebenso verbreitet wie im Nahen Osten und in
großen Teilen Ostafrikas und Südamerikas. Seine
Heimat ist der Nahe Osten, in China wird er erstmals 200 v. Chr. erwähnt.

Frischer Koriander hebt das Aroma anderer
Zutaten und mildert mit seinem frischen zitronigen
Geschmack intensive Aromen. Oft wird er mit
seinen Wurzeln verkauft, die gehackt und zerrieben
Grundlage für Currypasten, Saucen und Dressings
sind und so Gerichten wie thailändischem grünem

Thai-Basilikum

Koriandergrün

Curry Aromatiefe geben. Koriandersamen haben im Geschmack wenig Ähnlichkeit mit dem frischen Kraut. Am besten röstet man sie, und würzt damit Gerichte aus dem Nahen Osten, Indien, Thailand und Malaysia.

Langer Koriander (*Eryngium foetidum*) schmeckt intensiver. Am besten wird er fein gehackt oder gegart. Man findet ihn in der vietnamesischen und thailändischen Küche.

Minze

Koriander-samen

»Frischer Koriander hebt das Aroma anderer Zutaten und mildert mit seinem frischen zitronigen Geschmack intensive Aromen.«

Koriander-wurzel

Basilikum

Heiliges Basilikum (*Ocimum tenuiflorum*) oder Tulsi ist in der Hindu-Religion eine wichtige Pflanze und wird auch im Ayurveda verwendet. Thai-Basilikum (*Ocimum basilicum*) hat ein intensives zitroniges Anisaroma. Es passt sehr gut zu Zimt, Sternanis und Ingwer. Die verbreitete Sorte Siam Queen hat dunkelgrüne purpurn überhauchte Blätter und purpurne Stängel.

Minze

Minze (*Mentha* spp.) ist sehr vielseitig und wird in Südostasien, insbesondere Vietnam, häufig verwendet. Von Griechenland aus verbreitete sie sich nach West- und Zentralasien bis nach Indien. Es soll etwa 30 verschiedene Arten geben. Zwei der am häufigsten verwendeten Arten sind die süß duftende Grüne Minze und die Pfefferminze, die schmale, gesägte Blätter und einen typischen frischen Geschmack hat.

Vietnamesischer Koriander

Dieser Koriander (*Polygonum odoratum*), *rau ram*, hat viele Namen wie etwa Vietnamesische-, Kambodschanische- und Scharfe Minze, ist aber weder Koriander noch Minze. Seine dunkelgrünen purpurn gefleckten Blätter schmecken intensiv pfeffrig-säuerlich, sodass man nur wenige braucht. Sie würzen Suppen aus Malaysia und Singapur, ebenso wie Thai-Salate, vietnamesische Sommerrollen und Tischsalate.

Salat mit Erbsen- und Bohnensprossen

In diesem frischen Salat vereinen sich Erbsen- und Bohnensprossen, die voller Vitamine und Mineralstoffe stecken, mit frischer Kurkuma, die in asiatischen Lebensmittelgeschäften erhältlich ist. Geschält und in dünne Scheiben geschnitten verleiht sie Gerichten wie Salaten und Suppen einen fantastisch pfeffrigen Biss. Falls Sie noch nie frische Kurkuma verwendet haben, sollten Sie unbedingt danach suchen.

Für 4–6 Personen

3 cm frische Kurkuma

2 Limetten

5 cm frischer Ingwer

100 g Erbsensprossen, verlesen und gewaschen

100 g Mungbohnensprossen, verlesen und kurz blanchiert

100 g Senf- und Kresse-Sprossen, verlesen und gewaschen

100 g Alfalfasprossen, verlesen und gewaschen

30 frische Minzeblätter

1 Handvoll frische Korianderblätter

2 Handvoll gemischte pfeffrige Blätter wie Rucola, Brunnenkresse und Mizuna

Für das Dressing

3 EL bestes Olivenöl

Saft von 1 Zitrone

½ TL gemahlene Kurkuma (falls keine frische Kurkuma verwendet wird)

1 frische rote Chilischote, von den Samen befreit und fein gehackt

1 TL flüssiger Honig

Salz und frisch gemahlener schwarzer Pfeffer

1 Da Kurkuma stark färbt, sollten Sie jetzt Gummihandschuhe tragen, weil andernfalls Ihre Finger leuchtend orange gefärbt werden. Die Kurkuma schälen, die Schale wegwerfen. Das Fleisch mit einem Sparschäler in eine Edelstahlschüssel hobeln und bis zur Verwendung mit Wasser bedecken.

2 Mit einem scharfen Messer die Schale der Limetten mitsamt der weißen Innenhaut entfernen. Eine Frucht in die Hand nehmen und an den Zwischenhäuten entlangschneiden, um die Filets herauszulösen, dies über einer Schüssel erledigen, um den Saft aufzufangen. Mit der anderen Frucht ebenso verfahren. Den Ingwer schälen und in dünne Scheiben schneiden und diese aufeinandergelegt in schmale Stifte schneiden.

3 Alle Sprossen mit den Kräutern und pfeffrigen Blättern in eine große Schüssel geben. Die Zutaten für das Dressing vermischen. (Der Honig mildert die Säure und den pfeffrigen Geschmack.) Bei Verwendung frischer Kurkuma diese abtropfen lassen und in das Dressing geben. Ansonsten die gemahlene Kurkuma untermischen. Den Ingwer, die Limettenfilets und den aufgefangenen -saft hinzufügen und das Dressing großzügig salzen und pfeffern.

4 Das Dressing über den Salat gießen und behutsam unterheben. Diese bunte vitaminreiche Mischung aus Konsistenzen und Aromen ist eine Herausforderung für die Geschmacksknospen. Sofort servieren, ehe die Säure des Dressings die Blätter im Salat zusammenfallen lässt.

Monlar oo thoke | Rettichsalat mit gebratenem Knoblauch

In der heißen Mitte Burmas werden Sesam und Erdnüsse angebaut, die zusammen für viele Gerichte dieser Region verwendet werden. Dieser einfache, erfrischende, knackige Salat mit den intensiven scharfen, süßen, salzigen und sauren Aromen ist für große Teile der südostasiatischen Küche typisch. Er kann als Vorspeise oder als Beilage serviert werden.

Für 4–6 Personen

3 EL Reisessig

1 TL Salz

1 TL Zucker

1 frische rote Chilischote, von den Samen befreit und fein gehackt

1 großer Daikon-Rettich, etwa 450 g schwer, geschält

2 EL ungeröstete Erdnüsse ohne Haut

1 EL Sesam

3 EL Pflanzenöl

6 Knoblauchzehen (Keime entfernt), in dünne Scheiben geschnitten

3 Frühlingszwiebeln, in feine Ringe geschnitten

1 Handvoll frische Korianderblätter

1 EL Fischsauce (vorzugsweise *nam pla*)

1 Essig, Salz und Zucker in einer großen Schüssel verrühren, bis der Zucker sich aufgelöst hat. Den Chili hinzufügen. Den Rettich mit einem Sparschäler in lange, schmale Streifen hobeln. Mit dem Dressing vermischen und 15 Minuten im Kühlschrank durchziehen lassen.

2 Den Backofen auf 200 °C vorheizen. Die Erdnüsse auf einem Blech verteilen und in 4–5 Minuten im Backofen goldbraun rösten, dann grob zerstoßen und beiseitestellen. Den Sesam ohne Fett in einer Pfanne bei mittlerer bis hoher Temperatur 2–3 Minuten rösten, bis er goldbraun ist – aufpassen, dass er nicht verbrennt. Vom Herd nehmen und beiseitestellen.

3 Das Pflanzenöl in einer kleinen Pfanne bei mittlerer Temperatur erhitzen und die Knoblauchscheiben darin 1–2 Minuten braten, bis sie goldbraun und knusprig sind. Mit dem Schaumlöffel herausheben und auf Küchenpapier abtropfen lassen. Das Öl für das Dressing aufbewahren (oder gekauftes Knoblauchöl verwenden).

4 Den Rettich aus dem Kühlschrank nehmen und überschüssige Flüssigkeit abgießen. Die Frühlingszwiebeln, den Sesam und die Erdnüsse dazugeben sowie die Hälfte der zerzupften Korianderblätter (die Korianderblätter erst zerzupfen, wenn sie in den Salat kommen, da sie andernfalls Aroma verlieren und welk werden). Die Hälfte des Knoblauchs hinzufügen. Die Fischsauce mit 1 EL Knoblauchöl verrühren. Den Salat damit anmachen und mit dem restlichen Koriander und Knoblauch garniert sofort servieren.

Passt zu
Gebratene Nudeln malaiische Art (S. 20)
Schweinelende mit Minze und Erdnüssen (S. 158–159)

Cho go chu jang | Sashimi von Brasse mit scharfem Dressing

Aufgrund Koreas Lage auf einer von Meer umgebenen Halbinsel finden sich auf dem koreanischen Speisezettel zahlreiche Fische und Meeresfrüchte. Frischer Fisch wie Meerbrasse wird häufig für Sashimi verwendet (nicht zu verwechseln mit dem japanischen Gericht gleichen Namens). Koreanische Speisen dienen sowohl der Gesundheit als auch der Sättigung. Bei den Zutaten wird Ausgewogenheit angestrebt, um Körper und Geschmacksknospen in Einklang zu bringen. Scharfe rote Bohnenpaste verleiht dem rohen Fisch zusätzlichen Pep.

1 Wichtig ist, dass der Fisch ganz frisch ist. Lassen Sie den Fischhändler den Fisch entgräten und häuten oder erledigen Sie dies selbst. Zum Häuten die Finger in etwas Salz tauchen, sodass Sie das Schwanzende des Fischs gut festhalten können. Nahe dem Schwanzende ein dünnes scharfes Messer behutsam so unter die Haut schieben, dass sich die Klinge waagrecht zur Haut befindet und die Schneide von Ihnen wegzeigt. Den Schwanz gut festhalten und das Messer mit langen glatten Schnitten von links nach rechts unter der Haut durchführen, um sie vom Fleisch zu lösen. Dabei die Haut im gleichen Tempo, wie das Messer geführt wird, zu sich ziehen.

2 Den gehäuteten Fisch quer zur Faser in dünne Scheiben schneiden und sofort servieren oder in den Kühlschrank stellen. Den Knoblauch mit dem Salz und Zucker auf einem Brett mit der flachen Seite eines Messers zu einer Paste zerdrücken und in einer Schüssel mit der Bohnenpaste vermischen. Das Sesamöl, die Sojasauce und den Zitronensaft unterrühren.

3 Zum Servieren den Fisch vorsichtig auf einer Servierplatte anrichten, pfeffern und mit den Frühlingszwiebeln bestreuen. Das Dressing darübergießen und das Gericht servieren. Die fantastische Kombination aus scharfen, salzigen und sauren Aromen des Dressings ergänzen die Süße des frischen Fischs.

Für 4 Personen

- 500 g Meerbrasse oder Seebarsch (den frischesten Fisch wählen)
- 1 Knoblauchzehe (Keim entfernt), geschält und fein gehackt
- 1 Prise Salz
- 1 TL Zucker
- 2 TL rote Bohnenpaste (vorzugsweise *sunchang kochujang*)
- 3 EL Sesamöl
- 2 EL helle Sojasauce
- Saft von 1 Zitrone
- 3 Frühlingszwiebeln, in feine Ringe geschnitten
- Frisch gemahlener schwarzer Pfeffer

Passt zu
Eingelegte Frühlingszwiebeln aus Laos (S. 168–169)
Pfefferfleisch nach Art Sichuans (S. 170–171)

Yam som tam | Scharf-saurer Salat von grüner Papaya

Wenn ich nach Thailand reise, möchte ich immer als Erstes diesen Salat essen. Er steht für alles, was gut an der thailändischen Küche ist. Mit jedem Bissen bekommt man scharfe, süße, salzige und saure Aromen. Auch die Konsistenzen sind eine Herausforderung für Ihren Mund – es sind knackige, knusprige und weiche Zutaten vorhanden. Die Farben sind leuchtend, und so werden alle Sinne stimuliert. In der feuchten tropischen Hitze des thailändischen Südens ist dies die ultimative Erfrischung. Unreife Papaya ist hart und hat eine grüne Schale. Sie sollte in Asienläden erhältlich sein.

Für 4 Personen

1 große unreife grüne Papaya

4 EL ungeröstete Erdnüsse ohne Haut

3 Knoblauchzehen (Keime entfernt), geschält und fein gehackt

4 frische Bird's-eye-Chilischoten, von den Samen befreit und fein gehackt

1 Prise Salz

2 EL kleine getrocknete Garnelen

1 EL Palmzucker oder brauner Zucker

8 Kirschtomaten, geviertelt

Saft von 2 Limetten

2 EL Fischsauce (vorzugsweise *nam pla*)

1 Die Papaya schälen, die Schale wegwerfen. Das Fleisch in dünne Streifen schneiden. Die Streifen auf einem Brett aufeinanderlegen und mit einem Messer in schmale Stifte hacken. Die Erdnüsse in einer Pfanne ohne Fett bei mittlerer bis hoher Temperatur in 3–4 Minuten goldbraun rösten. Die Pfanne dabei häufig rütteln und darauf achten, dass die Nüsse nicht verbrennen. Vom Herd nehmen und abkühlen lassen.

2 Für das Dressing den Knoblauch, die Chilischoten und das Salz in einem großen Mörser zu einer Paste zerreiben. Die getrockneten Garnelen und den Zucker dazugeben und die Garnelen zerstoßen (sie sind hart). Die Hälfte der Tomaten hinzufügen und vorsichtig zerdrücken – Vorsicht, dass der Saft nicht zu stark spritzt. Zum Schluss Limettensaft und Fischsauce dazugeben.

3 Das Dressing über die Papayastifte gießen. Die Erdnüsse im Mörser etwas zerstoßen und mit den restlichen Tomaten über die Papaya streuen. Den Salat durchheben und sofort servieren, denn dann ist sein Geschmack eine wahre Sensation.

Passt zu
Gebratenes Rindfleisch mit Zwiebel-Chili-Relish (S. 33)
Würzige Garnelenröllchen auf Zitronengras (S. 34–35)

Würzig und **erfrischend**

Viele Menschen verbinden die asiatische Küche mit Schärfe, etwa der von Chilischoten. Doch da ist noch ein anderer Aspekt, der nicht vernachlässigt werden sollte, und er betrifft jene Speisen, die fast eine Explosion der Aromen darstellen – ein Feuerwerk für die Geschmacksknospen. Dabei spielen Tamarinde, Zitrusfrüchte, Zitronengras und Limettenblätter ebenso eine Rolle wie andere wichtige Zutaten aus asiatischen Gewürzkörben, etwa Sichuan-Pfeffer und Kurkuma. Zudem liefern Chutneys, Pickles, Saucen und Dips eine erfrischend und belebend wirkende Konzentration an Aromen.

Rendang daging | Malaiisches Rindfleisch-Rendang

Dieses Gericht zeigt deutlich, welche Kulturen die malaiische Küche beeinflussen – in Malaysia genießt es praktisch Kultstatus. Man gart das Rindfleisch sehr langsam, wobei es butterzart wird. Grundlage für südostasiatische Rendangs sind die aromatischen Zutaten Limettenblätter, Zitronengras und Galgant.

Für 4–6 Personen

2 EL Pflanzenöl

750 g Vorderhachse vom Rind, pariert und in 2 cm große Würfel geschnitten

1,5 l Kokosmilch

1 EL Tamarindenpaste (siehe S. 154)

1 TL gemahlene Kurkuma

5 Kaffirlimettenblätter

1 TL Frisch gepresster Limettensaft

Salz und schwarzer Pfeffer

Für die Würzpaste

8 frische rote Chilischoten, von den Samen befreit und fein gehackt

10 Schalotten, geschält und fein gehackt

4 Knoblauchzehen, geschält und fein gehackt

4 Stängel Zitronengras, geputzt und fein gehackt

4 cm frischer Ingwer, geschält und fein gehackt

2 TL brauner Zucker

Passt zu
Gebratener Reis indonesische Art (S. 32)
Sambal-Auberginen aus Sumatra (S. 88–89)
Kokos-Laksa aus Singapur (S. 112)

1 Alle Zutaten für die Würzpaste in einer Küchenmaschine zu einer glatten Paste verarbeiten. Eventuell benötigt man etwas von der Kokosmilch, damit sich das Messer dreht.

2 Einen Topf mit schwerem Boden bei mittlerer bis hoher Temperatur erhitzen. Das Öl hineingeben und die Würzpaste darin 4–5 Minuten braten, bis sie aromatisch duftet. Das Fleisch salzen und pfeffern, in die Pfanne geben und 2 Minuten rühren, um es mit Würzpaste zu überziehen. Die Kokosmilch, die Tamarindenpaste, die Kurkuma und die Limettenblätter hinzufügen. Die Mischung aufkochen und dann bei schwacher Hitze köcheln lassen.

3 Das Fleisch etwa alle 10 Minuten umrühren, damit es nicht ansetzt, und mindestens 1½ Stunden köcheln lassen, bis fast die gesamte Flüssigkeit verdampft und das Fleisch weich ist. Nur etwas Wasser hinzufügen, wenn fast keine Flüssigkeit mehr vorhanden, das Fleisch aber noch nicht weich ist. Haben Sie Geduld: Das langsame Garen hebt den Geschmack des Currys.

4 Die dicke Sauce probieren. Sie ist scharf und leicht säuerlich mit ein wenig zugrunde liegender Süße von der Kokosmilch. Mit Salz und etwas Limettensaft abschmecken, damit die Aromen ausgewogen sind. Obwohl dieses Rendang recht lange gart, ist es einfach zuzubereiten. Das Rendang als Teil einer asiatischen Tafel mit Reis und Relishes, Sambals, Gemüsegerichten und Nudeln servieren.

Batu sambol | Auberginendip aus Sri Lanka

Dieser Dip wird ähnlich zubereitet wie *babaghanoush* im Nahen Osten, wo man die Auberginen über einer offenen Flamme grillt. Dadurch werden sie weich und erhalten, weil die Schale verkohlt, einen rauchigen Geschmack. Gemahlene Mandeln heben zusätzlich das Aroma des Dips.

1 Den elektrischen Grill oder eine geriffelte gusseiserne Pfanne stark erhitzen. Die Auberginen darin auf jeder Seite 3–4 Minuten grillen, bis die Schale rundum verkohlt und das Fleisch weich ist, insgesamt 12–15 Minuten. Herausnehmen und abkühlen lassen.

2 Eine Pfanne bei mittlerer bis hoher Temperatur erhitzen. 2 EL Olivenöl hineingeben und die Zwiebel darin 5–7 Minuten anschwitzen. Die Zwiebel an den Rand schieben. Ingwer, Knoblauch und Chili 2 Minuten in der Pfanne braten, bis sie aromatisch duften. Mit der Zwiebel vermischen und den Herd auf schwache Hitze schalten.

3 Die Auberginen längs halbieren. Das Fleisch herauslösen und hacken, die Schale wegwerfen. Tomatenmark, Paprikapulver, Zimt und Kreuzkümmel in der Pfanne 4–5 Minuten garen, bis sie duften. Das Auberginenfleisch dazugeben und 2 Minuten mitgaren, damit sich die Aromen verbinden. Die Mandeln und den Koriander unterrühren und alles gut salzen und pfeffern.

4 Die Masse im Mixer oder in der Küchenmaschine glatt pürieren. Bei laufendem Motor 75 ml Olivenöl in einem dünnen Strahl dazugeben. Den Limettensaft untermischen und den Dip abschmecken. Durch den Chili und die Gewürze schmeckt er scharf, durch das Würzen und Grillen salzig und rauchig, durch die Zwiebel und gegarte Aubergine süß, durch den Limettensaft säuerlich. Eventuell noch Salz, Limettensaft oder frischen Chili hinzufügen, damit die Aromen ausgewogen sind. Den Dip mit viel warmem Brot als Vorspeise oder als Relish oder Würzsauce servieren.

Für 4–6 Personen

- 2 große Auberginen
- 2 EL plus 75 ml Olivenöl
- 1 Zwiebel, geschält und fein gehackt
- 3 cm frischer Ingwer, geschält und fein gehackt
- 2 Knoblauchzehen, geschält und fein gehackt
- 1 frische rote Chilischote, von den Samen befreit und fein gehackt
- 1 TL Tomatenmark
- ½ TL Paprikapulver
- 1 TL gemahlener Zimt
- 1 TL gemahlener Kreuzkümmel
- 1 EL gemahlene Mandeln
- 1 kleines Bund Koriandergrün, Blätter abgezupft und gehackt
- Saft von 1 Limette
- Salz und frisch gemahlener schwarzer Pfeffer

Passt zu
Pilgermuscheln mit Koriander-Chutney (S. 16–17)
Frittiertes Kartoffelbrot (S. 62–63)

Eingelegte Gurke nach Art Sichuans

Eingelegtes Gemüse ist in China und auch im übrigen Asien ungemein beliebt. Dieses Gericht steckt voller intensiver Aromen und wird meist als Snack oder Vorspeise gegessen. Bei vielen scharfen Pickles, die verkauft werden, sorgen Chilischoten oder Chiliöl für Schärfe. Bei diesem Gericht ist es der Sichuan-Pfeffer, der zudem auf der Zunge ein leicht taubes Gefühl hinterlässt.

Als Snack für 6 Personen

300 g Salatgurke

½ TL Salz

5 cm frischer Ingwer, geschält

1 frische rote Chilischote,
 von den Samen befreit und
 fein gehackt

3 EL Sesamöl

½ TL Sichuan-Pfeffer

½ TL Chiliflocken

2 EL Reisessig

1 EL Zucker

1 Die Gurke längs halbieren und die Samen entfernen. Das Fleisch in 2 x 6 cm große Stücke schneiden, in eine Schüssel geben und mit dem Salz bestreuen. Durchheben und für 30 Minuten beiseitestellen.

2 Sämtliche Flüssigkeit, die die Gurke abgegeben hat, abgießen. Die Gurkenstücke kurz unter fließendem kaltem Wasser abspülen und mit Küchenpapier trocken tupfen. Den Ingwer in dünne Scheiben schneiden und diese in schmale Streifen. Die Gurke mit dem Ingwer und der gehackten Chilischote in eine saubere Schüssel geben.

3 Einen Topf bei mittlerer bis hoher Temperatur erhitzen. Das Sesamöl hineingeben und den Sichuan-Pfeffer darin 15–30 Sekunden braten, bis er aromatisch duftet. Die Chiliflocken unterrühren. Die Mischung über die Gurke geben, unterheben und abkühlen lassen.

4 Den Essig und den Zucker verrühren, bis sich der Zucker aufgelöst hat, dann über die abgekühlten Gurkenstücke gießen und unterheben. Die Gurke 2–6 Stunden durchziehen lassen – je länger sie steht, desto weicher wird sie. Als Snack oder als Beilage zu gegrilltem Fleisch servieren.

Passt zu
Sesam-Hähnchenbrust-
Salat mit weißem Pfeffer
(S. 118–119)
Pfefferfleisch nach Art Sichuans
(S. 170–171)

Nuoc dau phung | Vietnamesischer Erdnussdip

Von Indonesien bis Vietnam findet man in Südostasien zahllose Erdnusssaucen. Diese Variante ist sehr leicht, und man kann alle Zutaten schmecken. Besonders gut passt sie zu den Glücks-Crêpes (siehe S. 86–87), aber sie ist auch eine großartige Beilage für Meeresfrüchte und gegrilltes Fleisch.

1 Die Erdnüsse in 3–4 Minuten goldbraun rösten. Einen Esslöffel davon grob hacken, den Rest zerstoßen. Knoblauch und Salz auf einem Brett mit der flachen Seite eines Messers zerdrücken.

2 Das Öl in einer Pfanne mit schwerem Boden bei mittlerer bis hoher Temperatur erhitzen. Den zerdrückten Knoblauch, die Chilischote und den Ingwer darin 3–4 Minuten braten, bis sie aromatisch duften. Die zerstoßenen Erdnüsse hinzufügen (die gehackten Nüsse werden später verwendet), die Hitze reduzieren und die Nüsse 3–4 Minuten garen.

3 Wasser oder Hühnerfond mit der Kokosmilch, dem Zucker, der Fischsauce und der Hoisin-Sauce dazugeben und aufkochen. Die Hitze reduzieren und alles 12–15 Minuten köcheln lassen, bis sich das Öl an der Oberfläche abgesetzt hat. Die Sauce vom Herd nehmen und abkühlen lassen, dann den Limettensaft und die gehackten Erdnüsse unterrühren. Den Dip in eine Servierschüssel füllen.

Für 6 Personen

3 EL ungeröstete Erdnüsse ohne Haut

1 Knoblauchzehe, geschält

Etwas Salz

1 EL Pflanzenöl

1 kleine frische Bird's-eye-Chilischote, von den Samen befreit und sehr fein gehackt

2 cm frischer Ingwer, geschält und fein gerieben

100 ml Wasser oder Hühnerfond

4 EL Kokosmilch

2 TL Zucker

1 EL Fischsauce (vorzugsweise *nuoc mam*)

1 EL Hoisin-Sauce

Saft von 1 Limette

Passt zu
Schweinefleischbällchen mit Knoblauch (S. 38–39)
Glücks-Crêpes (S. 86–87)
Gebratene Garnelen mit Tamarinde (S. 154–155)

Asam udang | Gebratene Garnelen mit Tamarinde

Dieses einfache, aber köstliche Gericht bietet Ihnen mit jedem Bissen eine Mischung aus den vier Hauptgeschmacksrichtungen: scharf, süß, salzig und sauer. Die Marinade eignet sich auch für Fisch oder andere Krustentiere, da diese süßlich schmecken und die Aromen der Marinade sie aufs Beste ergänzen. Auch Hühner- und Schweinefleisch passen gut.

Für 4–6 Personen

600 g ungeschälte rohe Garnelen

2 EL Tamarindenpaste (siehe rechts)

1 EL helle Sojasauce

½ TL Zucker

1 TL zerstoßene schwarze Pfeffer- körner

½ TL zerstoßene getrocknete Chilischote

2 EL Pflanzenöl

Salz

1 Die Garnelen mit einem scharfen Messer am Rücken aufschlitzen und schälen, dann die Därme entfernen. Alle übrigen Zutaten mit Ausnahme von Öl und Salz in einer Schüssel vermischen. Die Garnelen hinzufügen und abgedeckt mindestens 1 Stunde im Kühlschrank marinieren, zwischendurch zwei- oder dreimal wenden, um sicherzustellen, dass sie gut mit Marinade überzogen sind.

2 Die Garnelen salzen. Das Öl bei mittlerer bis hoher Temperatur in einer Pfanne erhitzen und die Garnelen darin auf beiden Seiten dunkelbraun braten. Sie können mit Gurkenscheiben als Vorspeise oder zusammen mit verschiedenen anderen Gerichten serviert werden.

Tamarindenpaste herstellen Die Tamarinde ist eine Hülsenfrucht mit zimtbrauner Schale. Ihr Fleisch ist klebrig und weich wie das einer Dattel, enthält aber harte Fasern und Samen. Tamarinde bekommt man als rohe Hülsen, in Blöcke gepresst oder als Paste in Gläsern. Letztere lässt sich bei Weitem am einfachsten verwenden. Zudem gibt es Konzentrat, dessen Geschmack ich aber zu intensiv finde. Bei Verwendung von gepresster Tamarinde das Fruchtfleisch in eine große Schüssel geben und mit heißem Wasser bedecken. Etwa 1 Stunde stehen lassen, dann alles kneten, um das Fleisch von den harten Fasern und Samen zu trennen. Fasern und Samen wegwerfen. Noch etwas Wasser zu dem Fleisch geben, damit eine Paste entsteht. In einem luftdicht verschlossenen Glas im Kühlschrank aufbewahrt hält sie sich 1–2 Wochen.

Passt zu
Gebratene Nudeln malaiische Art (S. 20)
Frühlingszwiebel-Pfannkuchen (S. 60–61)

Konservierte Fischprodukte

Das salzige Element der asiatischen Küche taucht in vielerlei Formen auf – etwa als fermentiertes Sojabohnenprodukt wie Sojasauce, Tempeh und Bohnenpaste. Doch auch getrocknete und fermentierte Fischprodukte liefern Salz. Aufgrund der hohen tropischen Luftfeuchtigkeit in großen Teilen Chinas und Südostasiens und mangelnden Kühlungsmöglichkeiten verderben Fische und Meeresfrüchte schnell. Früher konnte man viele Produkte nur aufbewahren, indem man sie in der Sonne trocknete, einsalzte oder fermentierte. Diese Konservierungsmethoden wendet man im Süden Chinas, in Südostasien, in Malaysia und in Indonesien bis heute an. Da durch Salzen und Trocknen zarte Aromen intensiv und kräftig werden, sind getrocknete und konservierte Meeresfrüchte eher Würz- oder Aromazutat, und man verwendet sie sparsamer als frische.

Getrocknetes Seafood kann gedämpft, gebraten oder gegrillt und dann mit frischen Zutaten kombiniert werden. Neben Fisch zählen dazu Kammmuscheln in allen Größen, Abalone, Kalmare, Quallen, Austern und Garnelen.

Garnelenpaste

In Südostasien gibt es verschiedene Arten dieser Paste. In Thailand heißt sie *kapi*, und zu ihrer Herstellung lässt man kleine Garnelen mit Salz in Gläsern fermentieren. Die Garnelen verdauen sich praktisch selber, wenn sich ihre Verdauungsenzyme zersetzen. In Malaysia wird *belachan* hergestellt, eine Paste aus pulverisierten Garnelen und Salz, die auf Matten in der Sonne trocknet und in Blöcken oder Scheiben verkauft wird. Die Pasten riechen durchdringend, doch wenn man sie in Bananenblätter oder Alufolie wickelt und 5–10 Minuten ohne Fett röstet, verschwindet der strenge Geruch, und die Paste beginnt aromatisch zu duften. Mit anderen Aromazutaten in Currypasten, Marinaden, Dressings und Sambals vermischt sorgt sie für Aromatiefe mit salzig-würzigem Charakter. *Sambal belachan* ist eine malaiische Paste aus Chilischoten, Garnelenpaste, Limettenblättern und Limettensaft.

Getrocknete Garnelen

Getrocknete Garnelen sind eine Grundzutat, die in Thailand, Singapur und Vietnam an Ständen – wie Getreide oder Reis – in offenen Säcken in allen Tönen von Orange und Rosa und unzähligen Sorten angeboten wird. In diesen Mengen riechen die Garnelen extrem. In China gibt man getrocknete Garnelen in Suppen und Reisgerichte oder mit Schweinefleisch in Wan-Tan-Taschen. In Thailand verwendet man sie für Nudelgerichte und gibt sie zerstoßen in Salate wie den verblüffenden *yam som tam* (siehe S. 144), der aus dem Gebiet des heutigen Laos stammt und in ganz Südostasien Kultstatus hat. In Malaysia werden zerstoßene Garnelen würzigen Sambals hinzugefügt. Sie werden sparsam verwendet und können gedämpft oder eingeweicht, leicht geröstet oder einfach mit Knoblauch und Chili im Mörser zerstoßen werden. Zerkleinert verlieren sie ihren strengen Geruch und werden aromatisch. Getrocknete Garnelen bewahrt man am besten in luftdicht verschlossenen Behältern auf. Man bekommt sie in jedem Asienladen.

Fischsauce

Fischsauce, in Vietnam *nuoc mam* und in Thailand *nam pla* genannt, ist für die Küchen Vietnams, Thailands, Burmas, Kambodschas, Laos' und der Philippinen so wichtig wie Sojasauce für die chinesische und japanische Küche. Sie riecht strenger als sie schmeckt und ist etwas gewöhnungsbedürftig, aber kombiniert mit Zutaten wie Limettensaft, Chilischoten und frischen Kräutern verändert sie sich. Beim Garen verliert sie ihren fischigen Geschmack und verleiht dem Gericht Aromatiefe.

Für ihre Herstellung werden kleine sardellenähnliche Fische in Fässern mit Lake einige Monate in der Sonne fermentiert. Dabei entsteht eine braune Flüssigkeit mit hohem Nährwert. In Vietnam gibt es die Redensart: »Ohne gute Fischsauce kann Essen nicht schmecken, wie begabt der Koch auch sein mag.« Die Sauce wird zum Würzen verwendet und ist eine der Hauptzutaten für die Dips der südostasiatischen Küche. Die beste Fischsauce kommt von der Insel Phu Quoc vor der Küste Vietnams. Die zuerst abgegossene Flüssigkeit ist hell bernsteinfarben und duftet aromatisch. Am besten verwendet man sie ungegart für Dips – ähnlich wie das beste Olivenöl.

Garnelen-paste

Fischsauce

Getrocknete Garnelen

»Da durch Salzen und Trocknen zarte Aromen intensiv und kräftig werden, sind getrocknete und konservierte Meeresfrüchte eher Würz- oder Aromazutat.«

Bun bi suon | Schweinelende mit Minze und Erdnüssen

Zwei aufregende Eigenschaften südostasiatischer Speisen sind die ausgewogen kombinierten Aromen und die unterschiedlichen Konsistenzen in einem Essen. Dieses Gericht aus Vietnam ist da keine Ausnahme. Die knackigen Erdnüsse scheinen die Struktur von Schweinefleisch, Gurke und Bohnensprossen noch zu betonen.

1 Den Backofen auf 200 °C vorheizen. Einen Bräter bei mittlerer bis hoher Temperatur auf dem Herd erhitzen. Die Lende salzen und pfeffern. Wenn der Bräter heiß ist, etwas Öl und das Fleisch hineingeben. Die Lende auf jeder Seite 2 Minuten anbraten, bis sie gebräunt ist, dann im Ofen 20 Minuten braten oder bis sie gar ist. Herausnehmen und abkühlen lassen.

2 Während die Lende gart, die anderen Zutaten vorbereiten. Die Erdnüsse auf einem Backblech verteilen und 4–5 Minuten im Backofen rösten, bis sie goldbraun sind. Herausnehmen und abkühlen lassen, dann im Mörser grob zerstoßen. Die Gurke in 5 cm lange Stücke schneiden und anschließend senkrecht in dünne Scheiben. Die Samen in der Mitte wegwerfen. Die Gurkenscheiben aufeinanderlegen und in dünne Stifte schneiden. Die Schalotten halbieren und in hauchdünne Scheiben schneiden.

3 Für das Dressing den Chili, den Limettensaft und die Fischsauce in einer kleinen Schüssel vermischen. Den Zucker hinzufügen und unter Rühren auflösen. Das Fleisch auf ein Schneidebrett legen. Etwas Dressing in den Bräter gießen, mit einem Holzlöffel den Bratensatz vom Boden lösen und alles zurück in das Dressing gießen.

4 Das Fleisch in Scheiben schneiden und mit den anderen Salatzutaten, ausgenommen Erdnüsse und eingelegte Frühlingszwiebeln, vermischen. Das Dressing darübergießen und behutsam unterheben. Den Salat mit den Erdnüssen bestreut servieren, die Frühlingszwiebeln dazureichen.

Für 4–6 Personen

750 g Schweinelende

Pflanzenöl zum Garen

100 g ungeröstete Erdnüsse ohne Haut oder Cashewkerne

1 Salatgurke

4 Schalotten, geschält

500 g Bohnensprossen, verlesen, kurz blanchiert und kalt abgeschreckt

1 Handvoll frische Minzeblätter

1 Portion eingelegte Frühlingszwiebeln (siehe S. 168–169)

Salz und frisch gemahlener schwarzer Pfeffer

Für das Dressing

2 frische rote Chilischoten, von den Samen befreit und fein gehackt

Saft von 2 Limetten

2 EL Fischsauce (vorzugsweise *nuoc mam*)

1 TL Zucker

Passt zu
Frühlingsrollen mit Garnelen (S. 72–73)
Gebratene Venusmuscheln (S. 94–95)

Chutni zardolu | Würziges Aprikosen-Chutney

Dieses herrlich würzige Chutney aus Afghanistan wird aus reifem Steinobst zubereitet, um die Früchte für den Winter zu konservieren. Man kann Aprikosen, Pfirsiche, Nektarinen oder Pflaumen, eine Mischung aus diesen Früchten oder auch reife Tomaten verwenden. Die Menge an Chili und Gewürzen kann man dem persönlichen Geschmack anpassen. Und Sie können auch ohne Weiteres eine größere Menge zubereiten.

Ergibt 2–3 Gläser à 450 ml

1,5 kg reife Aprikosen

250 ml Weißweinessig

2 EL Zucker

1 EL Salz

1 EL Pflanzenöl

1 EL Koriandersamen, grob zerstoßen

2 Knoblauchzehen (Keime entfernt), geschält und fein gehackt

2 scharfe frische grüne Chili-schoten, von den Samen befreit und fein gehackt

4 cm frischer Ingwer, geschält und fein gehackt

1 Zimtstange

1 Den Backofen auf 200 °C vorheizen. Die Aprikosen in einen Bräter legen und etwa 20 Minuten im Ofen garen, bis sie weich, aber nicht musig sind. Herausnehmen und etwas abkühlen lassen. Dann die Aprikosen entsteinen, dabei methodisch von einer Seite des Bräters zur anderen arbeiten. Die Aprikosen auf ein Brett legen und mit einem großen Messer hacken. Den Saft im Bräter aufbewahren.

2 Den Essig mit dem Zucker und dem Salz aufkochen und 5 Minuten köcheln lassen. In einem zweiten Topf das Öl bei mittlerer bis hoher Temperatur erhitzen. Die Koriandersamen, den Knoblauch, den Chili, den Ingwer und die Zimtstange darin 2 Minuten garen, bis alles aromatisch duftet. Den aufbewahrten Saft der Apri-kosen hinzufügen und siruppartig einkochen lassen.

3 Die Essigmischung vom Herd nehmen und mit dem Sirup und den gehackten Aprikosen vermischen. Das Chutney abschme-cken und eventuell nachwürzen. Durch den Chili ist es scharf, durch die Essigmischung süß, salzig und sauer.

4 Zum Einmachen das heiße Chutney sofort in sterilisierte Gläser mit fest verschließbaren Deckeln füllen. Die Gläser verschließen und dann auf den Kopf stellen, damit sich ein Vakuum bildet – dadurch hält sich das Chutney besser. Das Chutney unabhängig davon, ob es eingemacht wurde oder nicht, vor dem Verzehr 24 Stunden stehen lassen, damit die Aromen verschmelzen können.

Passt zu
Knoblauch-Koriander-Naan
(S. 49)
Auberginenküchlein aus Gujarat
(S. 82–83)

Pachadi | Möhren-Pachadi

In dieser herrlichen Kreation aus Südindien werden Aromen und Konsistenzen vortrefflich kombiniert. Oft serviert man sie mit warmem *dosai* und anderen traditionellen Fladenbroten. Man kann sie im Voraus zubereiten und warm oder raumtemperiert servieren. *Pachadi* eignet sich zudem gut als Teil einer großen asiatischen Mahlzeit.

1 Die Möhren, die Schalotten und den Chili in einer Schüssel vermischen und das Salz hinzufügen. Die Zutaten sorgfältig durchheben und beiseitestellen. Die Kreuzkümmelsamen, die Kardamomkapseln und die Hälfte der Senfkörner im Mörser zerstoßen. Die Samenschalen des Kardamoms wegwerfen. Die Kokosraspeln dazugeben und alles zu einer groben Paste zerreiben.

2 Das Öl in einem großen Topf mit schwerem Boden bei mittlerer bis hoher Temperatur erhitzen und die restlichen Senfkörner darin 20–30 Sekunden braten, bis sie platzen. Die Kokospaste hinzufügen und 2 Minuten braten, dabei rühren, damit sie nicht ansetzt. Nun die Möhrenmischung dazugeben und 1–2 Minuten unter Rühren braten.

3 Den Topfinhalt in eine Schüssel geben und abkühlen lassen, dann den Joghurt und den Zitronensaft untermischen. Das Gericht abschmecken und großzügig salzen und pfeffern sowie nach Belieben noch etwas zusätzliche rote Chilischote dazugeben. So erhalten Sie eine großartige Kombination aus der Schärfe des Chilis, der Süße der Möhren, der Säure der Zitrone und der Salzigkeit der Gewürze. Als Häppchen auf Mini-Papadams servieren oder in einer großen Schüssel mit Fladenbrot wie *dosai* oder Knoblauch-Koriander-Naan (siehe S. 49).

Für 4–6 Personen

4 Möhren, geschält und geraspelt

4 Schalotten, geschält und in dünne Scheiben geschnitten

1 frische rote Chilischote, von den Samen befreit und fein gehackt

½ TL Salz

1 TL Kreuzkümmelsamen

2 grüne Kardamomkapsel

2 TL braune Senfkörner

150 g Kokosraspeln

1 EL Öl

3 EL griechischer Joghurt

Saft von 1 Zitrone

Salz und frisch gemahlener schwarzer Pfeffer

Mini-Papadams zum Servieren

Passt zu
Würzige Kichererbsenringe aus Kerala (S. 56–57)
Kartoffeln mit Kurkuma und Senfkörnern (S. 174–175)

Gimchi | Scharf eingelegter Kohl aus Korea

Gimchi ist eine alte Methode, Gemüse zu konservieren. Diese Gemüse gehören in Korea in hunderten Varianten zu den Grundnahrungsmitteln und viele enthalten reichlich Knoblauch und Chili. *Gimchi* liefert Vitamine und Mineralstoffe, die sonst im Winter auf dem koreanischen Speisezettel fehlen würden. Es schmeckt als Beilage zu gegrilltem oder im Ofen gegartem Fleisch, in Suppen und pfannengerührten Gerichten. Die Zubereitung ist einfach, erstreckt sich aber über mehrere Tage.

Für 6–8 Personen

1 langer Chinakohl

100 g grobes Salz

1 TL Zucker

2 ½ TL Chilipulver

1 Daikon-Rettich, in 4 cm lange schmale Streifen geschnitten

3 Frühlingszwiebeln, in 4 cm lange schmale Streifen geschnitten

4 Knoblauchzehen, geschält und fein gehackt

4 cm frischer Ingwer, geschält und fein gehackt

1 EL eingesalzene Sardellenfilets, fein gehackt (nach Belieben)

Passt zu

Bohnensprossen mit scharfer Bohnenpaste (S. 21)
Mariniertes Rindfleisch vom Grill (S. 52–53)

1 Das untere Ende des Kohls abschneiden, ohne die Blätter voneinander zu trennen. Etwa 85 g Salz in einer großen Schüssel in 1 l Wasser unter Rühren auflösen. Den Kohl so in die Schüssel legen, dass er mit Wasser bedeckt ist. Eventuell noch etwas Wasser hinzufügen. Einen Teller auf den Kohl setzen und mit einem Gewicht beschweren, damit er im Wasser bleibt. Den Kohl 12 Stunden bei Zimmertemperatur stehen lassen, bis er weich geworden ist.

2 Den Zucker und das Chilipulver zuerst mit dem restlichen Salz, dann mit den Rettichstreifen und den anderen noch verbliebenen Zutaten vermischen.

3 Ein großes Einmachglas in kochendem Wasser sterilisieren. Den Kohl unter fließendem kaltem Wasser abspülen und überschüssiges Wasser herausdrücken. Den Kohl in eine Schüssel stellen. Behutsam die Blätter auseinanderziehen und löffelweise Rettichmischung in die Zwischenräume schieben. Den gefüllten Kohl fest in das Glas drücken, um Lufteinschlüsse zu entfernen, dann das Glas fest verschließen.

4 Den Kohl nun für 24 Stunden zum Gären an einen warmen Ort (25 °C) stellen, danach im Kühlschrank aufbewahren und bei Bedarf verwenden. Vor dem Servieren wird er gehackt. Man isst ihn kalt zu gegrilltem oder im Ofen gegartem Fleisch wie *bulgogi* (siehe S. 52).

Imam bayildi | Gefüllte Auberginen

Der Name dieses Gerichts bedeutet »der Imam fiel in Ohnmacht«, und es gibt zwei Geschichten dazu. Die eine erzählt, dass ihn beim Kosten des Gerichts das Entzücken übermannte; nach der anderen fiel er um, als er entdeckte, mit wie viel kostbarem Olivenöl es zubereitet worden war.

1 Den Ofen auf 200 °C vorheizen. Für die Füllung die Tomaten einritzen und 10 Sekunden in kochendem Wasser blanchieren, dann kalt abschrecken. Die Tomaten häuten, halbieren, von den Samen befreien, würfeln und beiseitestellen.

2 Etwas von dem Olivenöl in einer großen Pfanne mit schwerem Boden erhitzen und die Auberginenwürfel darin portionsweise in 3–4 Minuten rundum goldbraun braten, dann auf Küchenpapier abtropfen lassen.

3 Den Knoblauch und die Gewürze in der Pfanne etwa 2 Minuten braten, bis sie duften. Die Zwiebeln hinzufügen und bei reduzierter Hitze in 4 Minuten weich garen. Die Rosinen dazugeben, die Pfanne vom Herd nehmen. Zuerst die Auberginen- und Tomatenwürfel, dann die Petersilie untermischen und alles großzügig salzen und pfeffern.

4 Die ganzen Auberginen von den Stielansätzen befreien und 1 cm breite Streifen von der Schale abschneiden, sodass ein Streifenmuster entsteht. Die Auberginen in der Mitte tief ein-, aber nicht durchschneiden. Die Schlitze mit einem Löffel öffnen und die Gemüsemasse hineinfüllen.

5 Die Auberginen in eine ofenfeste Form legen. Die passierten Tomaten mit dem Zucker, Zitronensaft, restlichen Olivenöl und etwas Salz vermischen. Über die Auberginen gießen und übrig gebliebene Füllung dazwischenklecksen. Die Auberginen mit Alufolie abgedeckt 45–60 Minuten im Ofen backen, bis sie weich sind. Raumtemperiert mit dem Joghurt und reichlich frischem Brot servieren.

Für 4–6 Personen

150 ml Olivenöl

4 ganze Auberginen (vorzugsweise kleinere längliche)

250 ml passierte Tomaten

1 TL Zucker

Saft von 1 Zitrone

Griechischer Joghurt zum Servieren

Für die Füllung

4 reife Tomaten

2 Auberginen, in 1 cm große Würfel geschnitten

4 Knoblauchzehen, geschält und fein gehackt

1 EL gemahlener Kreuzkümmel

1 EL gemahlener Koriander

½ TL Cayennepfeffer

2 Zwiebeln, geschält und fein gewürfelt

100 g Rosinen

1 Bund glatte Petersilie, Blätter abgezupft und gehackt

Salz und frisch gemahlener schwarzer Pfeffer

Passt zu
Pakoras von Kartoffeln und Blumenkohl (S. 66–67)
Teigtaschen mit Lammfleischfüllung (S. 74)

Eingelegte Frühlingszwiebeln aus Laos

In Laos wendet man die gleichen Regeln wie in den Nachbarländern Thailand und Vietnam an, um eine Ausgewogenheit der Aromen zu erreichen. Die laotische Küche ist eine Mischung aus scharf, süß, salzig und sauer mit einer Tendenz zu würzigeren, schwereren Speisen. Viele beliebte südostasiatische Gerichte kommen aus Laos wie etwa der scharf-saure Salat von grüner Papaya, der in Thailand *yam som tam* genannt wird (siehe S. 144). Varianten von diesen wunderbaren, süchtig machenden Frühlingszwiebeln habe ich auch schon in Vietnam gegessen. Bereiten Sie am besten eine ordentliche Portion zu, denn Sie werden schnell auf den Geschmack kommen.

Für 4 Personen

3 Bund Frühlingszwiebeln

2 kleine getrocknete Chilischoten, zerstoßen

1 EL Koriandersamen

100 ml Reisessig

Saft von 1 Limette

1 TL Salz

2 TL Zucker

1 frische rote Chilischote, von den Samen befreit und fein gehackt

2 Lorbeerblätter

4 Sternanis

1 Die Frühlingszwiebeln putzen und am weißen Ende beginnend in 2 cm lange Stücke schneiden. Nur die hellen Teile der Zwiebeln verwenden, da sie am festesten sind. (Die kräftiger grünen, weniger festen Teile für ein anderes Gericht aufbewahren.) Die getrockneten Chilischoten und Koriandersamen im Mörser oder der Gewürzmühle mahlen.

2 Alle Zutaten mit Ausnahme der Frühlingszwiebeln in einem kleinen Topf vermischen, aufkochen und bei mittlerer Hitze 2 Minuten köcheln lassen. Vom Herd nehmen. Die Frühlingszwiebeln dazugeben und 3 Minuten ziehen lassen, dann mit dem Schaumlöffel aus dem heißen Essig in eine Schüssel heben. Die Frühlingszwiebeln nicht zu lange ziehen lassen, weil sie sonst zu weich werden und zerfallen.

3 Die Essigmischung vollkommen abkühlen lassen, dann wieder über die Frühlingszwiebeln gießen. Diese einfachen, köstlichen eingelegten Zwiebeln sollten noch recht fest und die süßen, scharfen, salzigen und sauren Aromen absolut ausgewogen sein. Man kann die Zwiebeln als Snack essen, als Beilage zu gegrilltem Fleisch oder mit Bohnensprossen und gerösteten Erdnüssen in knackigen Salaten.

Passt zu
Knackiger Kohlsalat mit Erdnüssen (S. 134–135)
Schweinelende mit Minze und Erdnüssen (S. 158–159)

Hei jiao niu rou | Pfefferfleisch nach Art Sichuans

Für dieses Gericht kann sowohl Rindfleisch als auch Wildbret verwendet werden. Das Hinzufügen von Pfeffer beim Garen von Fleisch ist eine bewährte Methode, Aromen zu kombinieren. Der scharfe Pfeffer geht bei diesem Gericht mit allen süßlichen, schweren Zutaten wie der Rinderlende eine chemische Reaktion ein. Gart man ein Steak mit Salz und Pfeffer, wird das Fleisch süßer als ungewürzt. Der Pfeffer lockt die Süße hervor, so wie Salz Flüssigkeit herauszieht.

1 Im Wok oder einer tiefen Pfanne bei hoher Temperatur genügend Öl zum Frittieren erhitzen. Den schwarzen Pfeffer und Sichuan-Pfeffer zusammen im Mörser zerstoßen. Das Fleisch in eine Schüssel geben. Zuerst 1 EL Wasser und den Reiswein hinzufügen, dann ½ TL Salz und etwas frisch gemahlenen schwarzen Pfeffer. Die Fleischwürfel mit beiden Händen etwa 1 Minute kneten, bis sie die Flüssigkeit aufnehmen.

2 Das Fleisch in zwei Portionen jeweils etwa 40 Sekunden kurz frittieren. Auf Küchenpapier abtropfen lassen. Das Öl bis auf 1 TL in eine Metallschüssel gießen und abkühlen lassen. Den Wok wieder erhitzen und den Knoblauch darin 30 Sekunden pfannenrühren, dann die zerstoßenen Pfefferkörner hinzufügen und 10 Sekunden unter Rühren braten. Das Fleisch mit der Austernsauce, der Sojasauce und dem Sesamöl dazugeben und einige Sekunden pfannenrühren, bis es mit Sauce und Pfeffer überzogen ist.

3 Einen Fleischwürfel mit einigen Salatstreifen in eine Gurkenscheibe wickeln. Mit den übrigen Fleischwürfeln ebenso verfahren, dann sofort servieren. Salat und Gurke wirken wie eine kühlende Hülle für das würzige Fleisch.

Als Teil einer größeren Mahlzeit für 4–6 Personen

Pflanzenöl zum Frittieren

2 TL schwarze Pfefferkörner

1 TL Sichuan-Pfefferkörner

400 g Rinderlende, pariert und in 2,5 cm große Würfel geschnitten

2 EL Reiswein

½ TL Salz

Frisch gemahlener schwarzer Pfeffer

3 Knoblauchzehen, geschält und fein gehackt

2 TL Austernsauce

2 TL helle Sojasauce

1 TL Sesamöl

Salatstreifen zum Servieren

Salatgurke, längs in dünne Scheiben geschnitten, zum Servieren

Passt zu
Pfannengerührtes grünes Gemüse S.18–19
Gedämpfte Garnelen-Wan-Tans S.98–99

Joojeh kabab | Hähnchenfleischspieße mit Safran

Bei diesem iranischen Rezept verwandelt eine unglaublich einfache, aber köstliche Marinade Hähnchenbrust in ein spektakuläres Gericht. Das Fleisch muss lediglich so lange wie möglich marinieren, am besten über Nacht. Im Idealfall verwendet man Stubenküken, die absolut zart sind, alternativ halbierte Hähnchenteile mit Haut oder, wie hier, Hähnchenbrustfilets.

Für 4 Personen

4 Hähnchenbrustfilets, in Streifen oder große Würfel geschnitten, oder 4 Stubenküken oder halbierte Hähnchenteile mit Haut wie etwa Ober- und Unterschenkel und Brüste

2 Zwiebeln

Saft von 2 Zitronen

½ TL Cayennepfeffer oder Paprikapulver

1 TL Safranfäden

Salz und frisch gemahlener schwarzer Pfeffer

Gehackte glatte Petersilie zum Garnieren

Zitronenspalten zum Servieren

1 Bei Verwendung von Stubenküken ein Küken mit der Brust nach unten auf die Arbeitsfläche legen. Mit einer Küchenschere vorsichtig das Rückgrat herausschneiden und mit dem daranhängenden Gabelbein entfernen. Das Küken umdrehen und ein großes Küchenmesser mit der flachen Seite daraufpressen, um Fleisch und restliche Knochen flach zu drücken. Mit den übrigen Stubenküken ebenso verfahren.

2 Bei jedem Küken je einen Spieß durch einen Oberschenkel und einen Flügel schieben. Bei Verwendung von Hähnchenteilen oder -brustfilets, die Stücke einfach auf Spieße stecken. (Bambusspieße zuvor 30 Minuten in Wasser legen.)

3 Die Spieße in ein großes flaches Gefäß legen und die Zwiebeln darüberreiben, dann mit dem Zitronensaft begießen und mit reichlich schwarzem Pfeffer und Cayennepfeffer oder Paprikapulver bestreuen. Die Marinade in das Fleisch reiben und dieses mindestens 3 Stunden, am besten aber über Nacht, im Kühlschrank marinieren, dabei regelmäßig wenden.

4 Den Holzkohlengrill erhitzen, bis die Kohlen weiß werden, oder eine gusseiserne Grillpfanne sehr heiß werden lassen. Die Spieße auf den Grill legen. Den Safran in der Marinade auflösen. Die Marinade großzügig salzen. Das Fleisch behutsam grillen, dabei ständig mit Marinade bepinseln und wenden, bis es gar ist. Die Spieße mit Petersilie bestreuen und mit Zitronenspalten servieren.

Passt zu

Türkische Zucchiniküchlein (S. 64)
Gefüllte Auberginen (S. 165)
Safraneiscreme mit Pistazien (S. 210–211)

Aloo chaat | Kartoffeln mit Kurkuma und Senfkörnern

Pikant zubereitete Kartoffeln wie diese werden häufig als Füllung für *dosai* oder anderes Brot wie *puri* (siehe S. 62) oder *paratha* verwendet. In Singapur leben viele Inder, und indische Gerichte sind in der ganzen Region beliebt. Ähnliche Gerichte wie dieses findet man in Sri Lanka und in Pakistan und zentralasiatischen Ländern. Die Kartoffeln sind zudem eine schmackhafte Beilage bei einer größeren Mahlzeit aus vielen Gerichten.

Für 4–6 Personen

500 g festkochende Kartoffeln

2 TL Koriandersamen

2 EL Öl

1 TL braune Senfkörner

1 Zwiebel, geschält und fein gehackt

½ TL gemahlene Kurkuma

½ TL rotes Chilipulver

4 Frühlingszwiebeln, in feine Ringe geschnitten

Saft von 1 Zitrone

1 Handvoll frische Korianderblätter

Salz und frisch gemahlener schwarzer Pfeffer

1 Die ganzen Kartoffeln in reichlich Salzwasser kochen, bis sie gar, aber noch fest sind. Die Kartoffeln pellen und in 1 cm große Würfel schneiden, dann beiseitestellen.

2 Die Koriandersamen im Mörser grob zerstoßen. Das Öl in einer Pfanne mit schwerem Boden bei mittlerer bis hoher Temperatur erhitzen. Die Senfkörner und den zerstoßenen Koriander hineingeben und etwa 30 Sekunden braten, bis die Senfkörner zu platzen beginnen. Die Zwiebel hinzufügen und bei reduzierter Hitze 5 Minuten sanft sautieren, bis sie weich und hell goldbraun ist. Die Kurkuma und das Chilipulver unterrühren. Die Mischung großzügig salzen und pfeffern.

3 Die Kartoffelwürfel dazugeben und einige Minuten braten, bis sie heiß und die Aromen verschmolzen sind. Zuerst die Frühlingszwiebeln und den Zitronensaft und zum Schluss die Korianderblätter hinzufügen. Die Kartoffeln nach Belieben mit mehr Salz oder getrockneter Chilischote abschmecken.

Passt zu
Spargelbohnen mit Chilipaste (S. 30–31)
Frittiertes Kartoffelbrot (S. 62–63)

Zitrone, Limette und Co.

Die auf der Zunge prickelnde, frische Säure von Zitrusfrüchten und anderen sauren Zutaten, ist typisch für die asiatische Küche. Mal reicht man einfach eine Zitronen- oder Limettenspalte zu gegrillten Garnelen, mal fügt man Gerichten Zitronengras, Limettenblätter und Tamarinde hinzu. Säure spielt nicht deshalb eine wichtige Rolle, weil der Geschmack angenehm ist, sondern weil sie die anderen kräftigen Aromen der asiatischen Küche ins Gleichgewicht bringt. In der Thai-Küche wird dies *rot chart*, richtiger Geschmack, genannt. Das Gegenteil von scharf ist süß, da sich die Schärfe von Chilischoten nicht in Wasser, sondern in Zucker löst. Deshalb sollte man zu scharfe oder würzige Speisen mit Joghurt, Gurke, Honig oder einer anderen süßen Zutat mildern. Das Gegenteil von salzig ist sauer. Werden diese vier Geschmacks-richtungen kombiniert, sind die Aromen vollkommen ausgewogen.

Zitrusfrüchte

Zitrusfrüchte mildern die Schwere von gehaltvollen Zutaten wie gebratenes Schweinefleisch und Kokosmilch. Zudem beleben sie ein Gericht und betonen die einzelnen Zutaten. Ein Spritzer Zitrussaft am Ende der Garzeit wirkt ähnlich wie ein Markierstift in einem Text. Er lenkt die Aufmerk-samkeit auf bestimmte Dinge und hebt sie hervor.

Kaffirlimetten-blätter

Kaffirlimetten

Zitronengras

Limettensaft

Die weltweit am häufigsten verwendeten Zitrusfrüchte sind vermutlich Zitronen und Limetten. Zitronen kommen ursprünglich aus Indien und wurden im 1. Jh. n. Chr. von den Römern nach Europa

»Säure spielt nicht deshalb eine wichtige Rolle, weil der Geschmack angenehm ist, sondern weil sie die anderen kräftigen Aromen der asiatischen Küche ins Gleichgewicht bringt.«

gebracht. In Asien werden sie seit Jahrtausenden in Küche und Medizin verwendet. Beide Früchte sind perfekte natürliche Geschmacksverstärker. Wenn ein Gericht zu stark gewürzt oder versalzen ist, kann man allein durch einen Spritzer Zitronensaft das Gleichgewicht der Aromen wiederherstellen.

Für viele Gerichte kann sowohl die Schale als auch der Saft verwendet werden. Die Schale sorgt für Lebendigkeit, liefert aber keine Säure. Beim Abreiben der Schale oder Zestenreißen ist es wichtig, nur die dünne farbige Außenschale mit den ätherischen Ölen zu verwenden, nicht die bittere weiße Innenhaut. Um möglichst viel Saft aus einer Zitrone oder Limette pressen zu können, rollt man die Frucht zunächst mit festem Druck auf einem Brett hin und her.

Zitronengras

Zitronengras (*Cymbopogon citratus*) wird vor allem in der thailändischen und der vietnamesischen Küche verwendet, aber auch in malaiischen und indonesischen Gerichten. Diese stark duftende rohrartige Pflanze ist in Südostasien heimisch und riecht verblüffend nach Zitrone, ohne aber die Säure von Zitrusfrüchten

Halbierte Limette

in sich zu tragen. Der Stängel kann gequetscht und ganz gegart werden, um für ein Aromafeuerwerk zu sorgen wie bei *tom yam* (scharf-saure Suppe). Man kann aber auch die harten Hüllblätter entfernen und den zarteren Innenteil in dünne Ringe schneiden, um ihn für Salate und Garnituren zu verwenden. Er muss aber sehr fein geschnitten werden, sonst ist es ein wenig so, als würde man auf einem Stock kauen. In Südostasien dienen die Stängel auch als Spieße, die ihr einzigartiges Aroma an die Speisen abgeben. Zudem ist Zitronengras eine der Hauptzutaten für thailändische Currypasten und Marinaden.

Kaffirlimetten

Die Kaffirlimette (*Citrus hystrix*) sieht im Vergleich zu Limetten recht ungewöhnlich aus. Ihre Schale ist dunkelgrün und warzig. Sowohl Schale als auch Saft riechen intensiv und erinnern an Zitronenessenz oder sehr teures Parfüm. Die Früchte haben sehr wenig Saft, aber man braucht von ihm nicht viel. Die Schale von Kaffirlimetten kann für Currypasten, Marinaden und Kräuter-Dressings verwendet oder für den späteren Gebrauch eingefroren werden. Sollten Kaffirlimetten nicht erhältlich sein, verwendet man eine größere Menge Limetten. Der Kaffirlimettenbaum trägt zudem duftende dunkelgrüne Blätter, die in der südostasiatischen Küche ganz in Suppen und Currys gegeben oder fein geschnitten für Garnituren oder Marinaden verwendet werden. Die Blätter bewahrt man am besten in einem verschlossenen Beutel im Gefrierschrank auf. So behalten sie ihre Farbe und trocknen nicht aus. Sie sind in Sekunden aufgetaut und können nach Belieben ganz oder fein geschnitten verwendet werden.

Kai ge | Gebratene Auberginen mit geröstetem Sesam

Bei einer koreanischen Mahlzeit kommen viele kleine Gerichte gleichzeitig auf den Tisch. Einige sind heiß, einige kalt. Bei anderen handelt es sich um Gemüsebeilagen oder Würzen. Ein Gericht ist stark gewürzt, ein anderes vielleicht gar nicht. Diese köstlichen Auberginen schmecken sowohl warm als auch kalt großartig und können zudem Grundlage für einen gehaltvolleren Salat sein.

Für 6 Personen

4 Auberginen

3 EL Salz

5 cm frischer Ingwer, geschält

2 EL helle Sojasauce

1 EL Sesamöl

1 EL Reisessig

Olivenöl zum Braten

3 Knoblauchzehen, geschält und fein gehackt

100 g Sesam

Saft von 1 Limette

Salz und frisch gemahlener schwarzer Pfeffer

Passt zu
Mariniertes Rindfleisch vom Grill (S. 52–53)
Gedämpfte Gemüserollen (S. 105)

1 Die Auberginen in 2 cm große Würfel schneiden und in einen Durchschlag geben. Die 3 EL Salz darüberstreuen und sorgfältig unterheben, sodass die Würfel damit überzogen sind. Die Auberginen 30 Minuten stehen lassen; so entzieht man ihnen Bitterstoffe und Wasser. In der Zwischenzeit den Ingwer in dünne Scheiben schneiden und diese aufeinandergelegt dann in nadeldünne Streifen. Sojasauce, Sesamöl und Reisessig vermischen.

2 Nach 30 Minuten die Auberginen unter fließendem kaltem Wasser abspülen. Überschüssiges Wasser abschütteln, dann die Würfel mit Küchenpapier trocken tupfen.

3 Ich brate Gemüse am liebsten in Olivenöl, es eignet sich aber jedes Pflanzenöl. Einen Topf mit schwerem Boden bei mittlerer bis hoher Temperatur erhitzen und 3–4 EL Öl hineingeben. Die Auberginen portionsweise darin rundum goldbraun braten. Die Portionen sollten klein sein, damit die Temperatur des Öls nicht absinkt und die Auberginen braten und nicht dünsten. Fertige Würfel mit dem Schaumlöffel zum Abtropfen auf Küchenpapier heben. Zwischendurch eventuell noch etwas Öl in die Pfanne geben.

4 Wenn alle Auberginen gegart sind, Knoblauch und Sesam im Topf goldbraun braten. Die Auberginen zusammen mit dem Ingwer dazugeben und untermengen. Die Sojasaucenmischung unterrühren, dann großzügig salzen und pfeffern und den Limettensaft dazugießen. Das Gericht abschmecken. Es sollte süß, salzig, sauer und würzig sein.

Tamatar chatni | Tomaten-Chutney mit grünen Chilis

Dieses glatte, würzige Tomaten-Chutney passt sehr gut zu frisch gegrilltem Fisch oder mariniertem Hähnchenfleisch und kann auch zu Gemüsegerichten serviert werden. Die Zubereitung ist einfach, und es lassen sich problemlos größere Mengen herstellen, die man, jederzeit griffbereit, in sterilisierten Gläsern im Kühlschrank aufbewahren oder an Freunde verschenken kann. Aber Sie werden sich wohl kaum von großen Mengen trennen können und das Chutney lieber selbst essen.

1 Die Tomaten halbieren. Mit der Hautseite nach unten auf die Handfläche legen, und das Fleisch mit einer Käsereibe in eine Schüssel reiben. Auf diese Weise erhält man rasch Tomatenpüree, während die Haut in der Hand zurückbleibt und nach Beendigung der Arbeit weggeworfen wird. Das Tomatenfleisch beiseitestellen.

2 Das Öl bei mittlerer bis hoher Temperatur in einer schweren Pfanne erhitzen. Den Knoblauch darin 2 Minuten braten, bis er aromatisch duftet, dann die Zwiebeln hinzufügen und bei reduzierter Hitze 5 Minuten langsam garen, bis sie weich sind. Den Kreuzkümmel und die Kurkuma in die Pfanne geben und 1 Minute garen, damit die Aromen verschmelzen, dann den Chili hinzufügen. Umrühren und das Tomatenfleisch dazugeben. Den Pfanneninhalt mit ½ TL Salz und etwas schwarzem Pfeffer würzen und 5 Minuten köcheln lassen, bis alle Zutaten gut vermischt sind und der Saft der Tomaten eingekocht ist.

3 Die Masse mit dem Zitronensaft im Mixer oder in der Küchenmaschine glatt pürieren und abschmecken. Sollte das Chutney etwas zu sauer sein, den braunen Zucker unterrühren. Das Chutney ist durch die Chilischoten scharf, durch die Zwiebeln (und den Zucker) süß, durch den Zitronensaft sauer und salzig.

Ergibt 2 Gläser à 450 ml

8 Tomaten

1 EL Pflanzenöl

6 Knoblauchzehen (Keime entfernt), geschält und fein gehackt

2 Zwiebeln, geschält und fein gehackt

1 TL gemahlener Kreuzkümmel

1 TL gemahlene Kurkuma

2 frische grüne Chilischoten, von den Samen befreit und fein gehackt

½ TL Salz

Saft von 1 Zitrone

1 TL brauner Zucker (nach Belieben)

Frisch gemahlener schwarzer Pfeffer

Passt zu
Gegrillte Hähnchenbrust nach Art Isaans (S. 40–41)
Reismehl-Pfannkuchen (S. 81)
Möhren-Pachadi (S. 162–163)

Trai me thit bo | Rindfleisch mit Tamarinde und Erdnüssen

Ich probierte dieses wunderbare Gericht als ich in Vietnam eine Fernsehserie über die lebendige Küche dieses Landes drehte. Die Zuckermenge mag groß erscheinen, aber Tamarinde und Essig sorgen für Ausgleich. Verwenden Sie zartes Fleisch, das nur kurz garen muss. Auch Hähnchen- oder Schweinefleisch sind geeignet.

Für 4–6 Personen

400 g Rindernuss, in dünne Scheiben geschnitten

2 TL Fischsauce (vorzugsweise *nuoc mam*)

2 TL helle Sojasauce

2 EL Tamarindenpaste (siehe S. 154)

2 EL Pflanzenöl

2 Knoblauchzehen, geschält und zerdrückt

4 TL Zucker

100 g ungeröstete Erdnüsse ohne Haut

1 Zwiebel, geschält und in dünne Scheiben geschnitten

2 EL Reisessig

1 kleine Handvoll frische Korianderblätter, grob gehackt

1 kleine Handvoll frische Minzeblätter, grob gehackt

1 kleine Handvoll Rucola, Brunnenkresse oder eine Mischung aus pfeffrig schmeckenden Salatblättern, grob gehackt

Salz und schwarzer Pfeffer

Passt zu
Entenfleisch-Sates aus Sumatra (S. 50–51)
Burmesische Erbsenküchlein (S. 90–91)

1 Das Rindfleisch in ein Gefäß aus Glas oder Keramik legen und großzügig mit schwarzem Pfeffer würzen. Die Fisch- und Sojasauce vermischen und über das Fleisch gießen. Das Fleisch 30 Minuten im Kühlschrank marinieren.

2 Die Tamarindenpaste in 75 ml Wasser auflösen. Die Hälfte des Öls bei mittlerer bis hoher Temperatur in einer schweren Pfanne erhitzen und den Knoblauch darin in etwa 2 Minuten goldbraun braten. Die Tamarinde und die Hälfte des Zuckers hinzufügen. Die Mischung bei mittlerer Temperatur einkochen lassen, bis ein dicker Sirup mit der Konsistenz von Honig entstanden ist.

3 Die Erdnüsse ohne Fett in einer Pfanne goldbraun rösten. Aufpassen, dass sie nicht verbrennen. Von der Kochstelle nehmen und abkühlen lassen, dann grob hacken und beiseitestellen. Die Zwiebel mit dem Essig, restlichem Zucker und Salz in einer Schüssel vermischen. Das verbliebene Öl in einer sauberen Pfanne erhitzen. Die marinierten Fleischscheiben darin in kleinen Portionen unter Rühren goldbraun braten, dann beiseitestellen.

4 Koriander, Minze und Salatblätter mischen und in eine flache Servierschüssel füllen. Darauf die Fleischscheiben anrichten und die Zwiebel mit Flüssigkeit darübergeben. Alternativ kann das Gericht in Portionsschalen oder kleinen Gläsern serviert werden. Das Gericht mit dem Tamarindensirup beträufeln und mit den Erdnüssen garniert servieren.

Zucker und **Gewürze**

Die Palette süßer Köstlichkeiten reicht in Asien von
frischen Früchten und durstlöschenden Getränken
bis zu aufwendigeren, mit Gewürzen und Nüssen
zubereiteten Backwaren und Desserts. Gerne serviert
und gleichzeitig perfekter Abschluss einer Mahlzeit
aus scharfen, würzigen Gerichten ist ein frischer
Obstsalat oder ein kühlendes Zitrus- oder Kokos-
nuss-Dessert. Bei manchen Gelegenheiten sind aber
etwa ausgebackene Birnen mit Zimt-Honig-Sirup
oder eine reichhaltige Safraneiscreme passender.
Und es gibt keinen Grund, diese Genüsse auf das
Ende einer Mahlzeit zu beschränken.

Woon ma praw orn | Zitrus-Kokosnuss-Gelee

Dieses Gelee sieht wunderschön aus, da es aus zwei Schichten besteht. Die obere ist durchscheinend, die untere, milchige, wird aus Kokosmilch und Kokosraspeln zubereitet. Gut macht sich das Gelee in kleinen Gläsern, man kann es aber auch in einer flachen Schale zubereiten und dann in Quadrate oder Rauten schneiden.

Für 8 Personen

250 ml Kokoswasser (aus frischer, junger Kokosnuss; in Asienläden erhältlich)

15 g Agar-Agar, gemahlen

1 Prise Salz

250 g Zucker

85–100 g junge Kokosnuss (in Asienläden erhältlich), geraspelt

500 ml Kokosmilch

Abgeriebene Schale von 1 unbehandelten Orange

Abgeriebene Schale von 1 unbehandelten Zitrone

Frische Jasminblüten (nach Belieben; siehe Tipp)

1 Das Kokoswasser mit 750 ml Wasser in einen Topf gießen. Das Agar-Agar hineinrühren. Die Flüssigkeit erhitzen und 10 Minuten köcheln lassen. Dann das Salz und den Zucker unter Rühren darin auflösen. Vom Herd nehmen. Die Kokosraspeln mit der Kokosmilch in einem zweiten Topf vermischen und die Hälfte des Zuckerwassers hineinrühren. Die Mischung erwärmen, aber nicht aufkochen lassen.

2 Die Orangen- und Zitronenschale in das restliche Zuckerwasser rühren. Die Farbe der Schale färbt dabei das Wasser. (Farbe und Aroma können variiert werden, indem man die Orangen- durch Limettenschale ersetzt.) Beide Flüssigkeiten abschmecken. Das Salz unterstreicht das Aroma der Kokosnuss.

3 Da die Flüssigkeiten beim Abkühlen recht schnell gelieren, die Kokosmischung rasch, aber vorsichtig in Förmchen, Gläser oder ein großes flaches Gefäß gießen, darauf achten, dass noch Platz für das Orangen-Zitronen-Gelee ist.

4 Sobald das Kokosgelee geliert und das Orangen-Zitronen-Gelee trägt, dieses vorsichtig daraufgießen. Das Dessert 1–2 Stunden im Kühlschrank fest werden lassen. Die Gelees können auch umgekehrt geschichtet werden, doch das erfordert Vorsicht, da das Kokosgelee schwerer ist. Das Dessert nach Belieben mit asiatischen Früchten servieren.

Tipp Jasminblüten im Zuckersirup erwärmen und in das Gelee geben. Anstelle von Agar-Agar eignet sich auch Gelatine, aber darauf achten, dass das Gelee nicht gummiartig wird.

Passt zu
Nordvietnamesische Fischspießchen (S. 46–47)
Salat von Mangostanen, Litchis und Mangos (S. 208)

Yogurtlu samfistigi kek | Joghurt-Pistazien-Kuchen

In der Levante und im Nahen Osten bereitet man seit Jahrhunderten vielerlei Kuchen mit Joghurt und Nüssen zu. Dieses Rezept stammt aus der Türkei. Serviert man den Kuchen mit farbenfrohem Obst wie Granatapfelkernen oder gegarten Quitten, ist er von fürstlicher Eleganz. In dem einstmals so reichen Persischen Reich wäre er für ein Palastfest geeignet gewesen. Ein großer Kuchen muss 1 Stunde backen, die Zubereitung selbst dauert nur Minuten. Bei kleinen Kuchen verkürzt sich die Backzeit. Ein großer Kuchen kann im Voraus, sogar am Vorabend zubereitet werden, kleine Kuchen schmecken frisch besser.

1 Den Backofen auf 180 °C vorheizen. Vier Kuchenförmchen (Muffin- oder Pastetenförmchen) oder eine 20–25 cm große Springform einfetten und mit Mehl ausstreuen.

2 Die Pistazien und Walnüsse in einer Küchenmaschine mahlen (es können einige größere Stücke bleiben, damit der Kuchen etwas Konsistenz erhält). Das Mehl mit dem Natron, Backpulver und Salz in eine Schüssel sieben und die abgeriebene Orangen- und Zitronenschale hinzufügen.

3 In einer zweiten Schüssel die Eigelbe mit der Hälfte des Zuckers schaumig schlagen. Den Joghurt und das Olivenöl unterrühren, dann die Nüsse und die Mehlmischung unterziehen. Die Eiweiße mit dem Weinstein schlagen, bis sich weiche Spitzen bilden. Den restlichen Zucker hinzufügen und schlagen, bis der Eischnee steif ist und glänzt.

4 Den Eischnee behutsam unter den Teig heben (aufpassen, dass er nicht zu stark zusammenfällt). Den Teig in die vorbereiteten Förmchen oder die Form füllen und auf mittlerer Schiene 20 (Förmchen) oder 55 Minuten backen. Die oder den Kuchen in der Form auf einem Kuchengitter auskühlen lassen. Aus der Form nehmen und mit Puderzucker bestreut servieren, falls gewünscht mit frischen Granatapfelkernen.

Für 6 Personen
125 g Pistazienkerne ohne Haut
40 g Walnusskerne
150 g Mehl
½ TL Natron
½ TL Backpulver
½ TL Salz
Abgeriebene Schale von 1 unbehandelten Orange
Abgeriebene Schale von 1 unbehandelten Zitrone
6 Eier, getrennt
225 g Zucker
150 g griechischer Joghurt
125 ml Olivenöl
½ TL Weinstein-Backpulver
Puderzucker zum Bestäuben
Granatapfelkerne zum Servieren (nach Belieben)

Passt zu
Teigtaschen mit Lammfleischfüllung (S. 74)
Afghanisches Quittenkompott (S. 190)

Nüsse und Samen

In der asiatischen Küche werden große Mengen Nüsse und Samen verwendet. Da Nüsse viel Fett und Protein enthalten, sind sie in Asien für die Ernährung von enormer Bedeutung. Gemahlene

»Gemahlene Nüsse und Sesam gibt man in Würzen, Saucen, Suppen, Salate und Sambals. Sie verleihen den Speisen Konsistenz und erhöhen deren Nährwert.«

Nüsse und Sesam gibt man in Würzen, Saucen, Suppen, Salate und Sambals. Sie verleihen den Speisen Konsistenz und erhöhen deren Nährwert.

Sesam

Vom Sesam (*Sesamum indicum*) gibt es weiße und schwarze Sorten. Er wurde bereits 3000 v. Chr. kultiviert und gelangte von seiner Heimat Indien rasch in das zentralasiatische Assyrien und nach Ostafrika. In China wird er seit mindestens 2000 Jahren verwendet. Im Nahen Osten, Südostasien und China ist er eine wichtige Kochzutat. Man stellt aus ihm Pasten und Öl her und isst ihn ungeröstet und geröstet. Die im Norden und Westen Chinas aus geröstetem Sesam zubereitete Paste erinnert an das Tahin des Nahen Ostens.

Sesamöl kann je nach Herstellung hell goldgelb bis tief dunkelbraun sein. Öl aus geröstetem Sesam, das mit anderen Ölen gemischt wurde, verleiht Marinaden und Dressings eine wunderbar aromatische Note, darf aber nur sparsam verwendet werden, damit es nicht dominiert.

Eingereister Liebling

Die Cashewnuss ist die Frucht des Acajubaums (*Anacardium occidentale*), der wie Mango und Pistazie zur Familie der *Anacardiaceae* gehört und im Nordosten Brasiliens heimisch ist. Im 16. Jahrhundert brachten die Portugiesen sie an die Westküste Indiens und nach Ostafrika. Nach der Pflanzung in Indien wurden bessere Methoden entwickelt, das hautreizende Öl in der Schale zu entfernen, und heute werden in vielen Ländern große Mengen Cashewkerne angebaut und geerntet. Vietnam baut 28 Prozent der Weltproduktion

Pistazien

Pistacia vera ist im Westen Asiens von Syrien bis zum Kaukasus und im zentralasiatischen Afghanistan heimisch. In der Türkei diente die Nuss bereits 7000 v. Chr. als Nahrung. Da Pistazien übermäßige Nässe und Luftfeuchtigkeit nicht vertragen, werden sie zwar im Westen Asiens wie auch in Teilen Zentralasiens, Pakistans und Indiens viel verwendet, nicht jedoch in Ost- und Südostasien.

Man schätzt Pistazienkerne wegen ihrer leuchtend grünen Farbe, die das Auge bezaubert und jedes Gericht zu etwas Besonderem macht, und ihres Geschmacks und verwendet sie sowohl roh als auch geröstet. Man kann sie salzen oder in Desserts wie Baklava und ähnliches Gebäck geben, das im Nahen Osten, im Westen Asiens und im Gebiet des einstigen Persiens beliebt ist.

an, Indien immerhin noch 25
Prozent. An Indiens West-
und Südküste verwen-
det man Cashewkerne
für Pilaws, Desserts,
Currys und Chut-
neys. Gemahlene
Cashewkerne dienen
zum Andicken und
Anreichern von Currys,
die man traditionell bei
Festessen und besonderen
Gelegenheiten serviert. Auch
in China und Malaysia verzehrt man
Cashewkerne, meist jedoch ganz.

Mehr als ein Snack

Obwohl die Erdnuss (*Arachis
hypogaea*) wie eine Nuss
verwendet wird, gehört sie
wie Linsen und Erbsen
botanisch zur Familie
Fabaceae und damit zu
den Hülsenfrüchten. Ihre
Heimat ist Südamerika,
wo sie bereits in prähis-
torischer Zeit angebaut
wurde. In Peru entdeckte
man sie in Gräbern von
1500 v. Chr. Die Portugiesen brachten die Erdnuss
zuerst nach Afrika und dann
auf den malaiischen Archipel,
von wo aus sie sich rasch über
Asien verbreitete. In Asien sind
Erdnüsse weit mehr als ein Snack. Sie
sind ganz, gehackt oder gemahlen, geröstet

und ungeröstet Bestandteil unzähliger
Gerichte.Und was wäre die asiatische
Küche ohne ihre Erdnusssaucen und
-dips? Erdnüsse sind sehr nahrhaft
und enthalten zudem wertvolles
Vitamin E, Niacin, Folsäure, Calcium,
Phosphor, Magnesium, Zink, Eisen,
Riboflavin, Thiamin und Kalium.

Cashewkerne

Erdnüsse

Sesam

Pistazienkerne

Shir berenj | Persischer Reispudding mit Kardamom

In seiner Blütezeit erstreckte sich das Persische Reich von der Osthälfte der heutigen Türkei, Bagdad und dem östlichen Irak über den Iran bis nach Afghanistan und Teile Pakistans im Osten. Seine exquisite Küche, die reich an Früchten, Nüssen und Gewürzen war, wurde mehr als tausend Jahre hoch geschätzt.

Für 4–6 Personen

250 g Rundkornreis

1 l Milch

85 g Zucker

1 EL Honig

½ TL gemahlener Kardamom

1 Eigelb

60 g Crème double

2 EL Pistazienkerne ohne Haut, grob zerstoßen oder gehackt

1 Den Reis in einem Topf mit kaltem Wasser bedecken, aufkochen und 4 Minuten köcheln lassen. Abgießen, abtropfen lassen und mit der Milch, dem Zucker, dem Honig und dem Kardamom erneut in dem Topf aufkochen und dann bei schwacher Hitze 15 Minuten köcheln lassen, bis er die Milch aufgenommen hat, dabei regelmäßig umrühren.

2 Das Eigelb und die Crème double schaumig schlagen. Einige Pistazien als Garnitur aufbewahren, den Rest unter die Eigelbmasse mischen und diese in den gegarten Reis rühren. Das Dessert heiß, warm oder kalt mit Pistazien garniert servieren. Köstlich dazu sind pochierte oder gebackene Früchte wie Quitten, Aprikosen oder Rhabarber.

Compote e behi (Afghanisches Quittenkompott) Quitten entwickeln beim Garen eine wunderbar rosarote Farbe und einen herrlichen Duft. Als Ersatz eignen sich Birnen, Aprikosen oder Pfirsiche. 2 grüne Kardamomkapseln und 4 Nelken im Mörser zermahlen und fein durchsieben. 4 Quitten schälen, vierteln, entkernen und in einen Topf geben. Die Gewürze mit 100 g Zucker darüberstreuen. 150 ml Wasser dazugeben und bei mittlerer bis hoher Temperatur aufkochen. Die Hitze reduzieren und die Quitten 50 Minuten köcheln, bis sie weich sind, dann mit dem Schaumlöffel aus dem Sirup heben und diesen in etwa 5 Minuten um die Hälfte einkochen lassen. Den Saft von ½ Zitrone hinzufügen und eventuell noch etwas Zucker. Den elektrischen Grill vorheizen. Die Quitten in einen Bräter legen, mit dem Sirup übergießen und 3–4 Minuten unter dem Grill karamellisieren. Mit dem Sirup beschöpft mit Crème fraîche oder Eiscreme servieren. Das Kompott passt auch gut zu Joghurt-Pistazien-Kuchen (siehe S. 186–187). Für 4–6 Personen.

Passt zu
Würzige Kichererbsenringe aus Kerala (S. 56–57)
Hähnchenfleischspieße mit Safran (S. 172–173)

Miwa naurozee | Afghanisches Neujahrskompott

Miwa bedeutet »Obst« und *nauroz* »neues Jahr« und so verwundert es nicht, dass dieses Kompott traditionell zubereitet wird, um den Frühlingsbeginn zu feiern, der in Afghanistan als Neujahr gilt. Man kann es mit beliebigen Trockenfrüchten und Nüssen zubereiten, und es schmeckt großartig mit Sahne oder Sahnedesserts.

1 Die Aprikosen und anderen Trockenfrüchte waschen und in einer großen Schüssel mit reichlich kaltem Wasser bedecken. Zwei Tage quellen lassen, damit sie möglichst viel Wasser aufnehmen.

2 Alle Nüsse in einer zweiten Schüssel mit kochendem Wasser bedecken und stehen lassen, bis das Wasser abgekühlt ist, dann die Haut abreiben. Bei den Walnüssen ist diese Arbeit etwas mühsam und möglicherweise benötigt man ein kleines Messer, um die Haut zu lösen. Doch die Mühe lohnt sich, weil die Nüsse so einfach herrlich schmecken. Das Wasser weggießen und die Nüsse beiseitestellen.

3 Nach den zwei Tagen Quellzeit das Weichwasser der Früchte durch ein Sieb in einen kleinen Topf gießen. Den Honig, den Orangensaft und alle Gewürze hinzufügen. (Die Gewürze werden am besten frisch gemahlen, andernfalls sollte man sicherstellen, dass die verwendeten Gewürze möglichst frisch sind.) Die Mischung aufkochen und köcheln lassen, bis sie sirupartig eindickt. Früchte und Nüsse vermischen, dann den Sirup unterrühren. Das Kompott warm oder kalt servieren.

Für 6 Personen

100 g getrocknete Aprikosen

50 g Sultaninen

100 g kernlose Rosinen

50 g getrocknete Sauerkirschen

50 g Walnusskerne

50 g Mandelkerne

50 g Pistazienkerne

2 EL Honig

Saft von 1 Orange

1 Zimtstange

½ TL frisch geriebene Muskatnuss

½ TL gemahlener Piment

½ TL gemahlene Gewürznelken

Passt zu
Türkische Zucchini-
küchlein (S. 64)
Lammpilaw mit Safran und
Nüssen (S. 104)

Sharbat | Sauerkirschsorbet

Ein *sharbat* ist ein erfrischender Fruchtsirup, der im Kühlschrank aufbewahrt und an heißen Tagen als Durstlöscher genossen wird, indem man ihn über zerstoßenes Eis gießt oder mit Mineralwasser verdünnt. Er schmeckt aber auch mit Joghurt oder Sahne vermischt, über Eiscreme oder frischem Obst. *Sharbat* kann aus Früchten aller Art und getrocknetem wie frischem Obst zubereitet werden.

Für 6 Personen

100 g getrocknete Sauerkirschen

50 getrocknete Cranberrys oder Soft-Cranberrys

50 g Soft-Feigen, gehackt

Abgeriebene Schale und Saft von 1 unbehandelten Orange

1 Zimtstange

3 Lorbeerblätter

2 EL flüssiger Honig

400 ml kochendes Wasser

1 Prise Salz

1 Das Trockenobst mit Saft und Schale der Orange, der Zimtstange, den Lorbeerblättern und dem Honig in eine Schüssel geben und mit dem kochenden Wasser übergießen. Das Obst zugedeckt etwa 40 Minuten quellen lassen.

2 Das Obst mit dem Schaumlöffel herausheben. Das Weichwasser mit 1 Prise Salz in einem kleinen Topf bei mittlerer Hitze 6–7 Minuten köcheln lassen, bis es sirupartig wird; Zimtstange und Lorbeerblätter entfernen. (Das Salz liefert Mineralstoffe und hebt das Aroma von Obst und Gewürzen.)

3 Die Früchte mit dem Sirup übergießen und sofort genießen oder die Früchte servieren, vielleicht als Dessert, und aus dem Sirup ein erfrischendes Getränk zubereiten.

Tamarinden-Sharbat Etwa 500 g Tamarindenmark mit 1 l heißem Wasser bedecken und über Nacht stehen lassen, dann mit den Fingern durchkneten und so das Fruchtfleisch von den Kernen und Fasern trennen. Das Fleisch mit einem Holzlöffel durch ein feines Sieb streichen, dann noch einmal durchstreichen, aber diesmal zurück in das Weichwasser. Die Flüssigkeit durch ein sauberes Stück Musselin in einen Topf gießen. Mit 400 g Zucker erhitzen, dabei rühren, um den Zucker aufzulösen. Den Sirup köcheln lassen, bis er dick wird. Abkühlen lassen, dann in kleine, saubere trockene Flaschen gießen und diese fest verschließen. Wegen des Zuckers hält sich der Sirup im Kühlschrank gut. (Je nach Geschmack können Sie die Zuckermenge erhöhen.) Mit eiskaltem Wasser verdünnt ergibt er ein erfrischendes Getränk.

Passt zu
Gegrillte Rindfleischbällchen mit Dip (S. 26–27)
Entenfleisch-Sates aus Sumatra (S. 50–51)

Ananas mit karamellisiertem Chili

Obst und Chili sind wunderbare Partner, da die Süße die Schärfe mildert und dann durch die Säure betont wird. Zudem werden in diesem Rezept Zucker und Chiliflocken karamellisiert und verleihen der Ananas so ein rauchiges Aroma. Die Ananas kann durch andere Früchte ersetzt werden.

1 Die Ananas schälen und längs halbieren, die Hälften in halbmondförmige Scheiben schneiden. Zucker und Chiliflocken im Mörser zerstoßen, von dem Zucker sollten aber noch kleine Brocken vorhanden sein.

2 Den Chilizucker über die Ananas streuen, dann, sofern vorhanden, den Gasbrenner anzünden. (Andernfalls den elektrischen Grill auf hoher Stufe vorheizen.) Den Zucker karamellisieren, bis er stellenweise dunkel wird. Die Flamme dabei gleichmäßig über die Scheiben führen und auf keiner Stelle zu lange verweilen, da der Zucker sonst zu bitter wird. Die Ananas kurz abkühlen lassen, dann sofort servieren.

Wassermelone mit Limette, Salz und Pfeffer In Vietnam und Thailand werden kleine Stücke Tamarindenfruchtfleisch in Zucker gerollt und dann mit etwas Salz und getrockneter Chilischote bestreut. Folgendes Dessert ist ähnlich, hat aber etwas feinere Aromen. Man kann aus den Zutaten auch ein erfrischendes Getränk zubereiten. Mit einem scharfen Messer oberes und unteres Ende einer kleinen Wassermelone entfernen, dann die Schale vollständig von oben nach unten abschneiden. Die Melone in zwei Hälften und diese in Spalten teilen. Das kernlose innere Fleisch der Spalten in mundgerechte Stücke schneiden. Nun die Kerne entfernen und das restliche Fleisch ebenso in Stücke schneiden. Die Melone mindestens 1 Stunde kalt stellen. Vor dem Servieren den frisch gepressten Saft von 2 Limetten dazugeben, und die Melone großzügig mit frisch gemahlenem schwarzem Pfeffer und Salz würzen – Sie müssen hier nicht zurückhaltend sein. Alles mischen und probieren. Überraschung garantiert! Für 4–6 Personen.

Für 4–6 Personen

1 frische Ananas

100 g gelber Kandiszucker (in Asienläden erhältlich) oder Rohzucker

½ TL getrocknete rote Chiliflocken

Passt zu
Marinierte und gegrillte Makrelen (S. 22–23)
Würzige Garnelenröllchen auf Zitronengras (S. 34–35)

Goash-e-feel | Elefantenohren

Von diesem großartigen Gebäck kann man kleine oder große Exemplare backen.
Sein Name hat aber nichts mit der Größe oder gar mit der Herkunft zu tun, sondern
mit der Form. Es gibt viele Arten, diese Kekse zu servieren. Sie können mit Orangen-
blütenwasser oder Rosenwasser zubereitetem Sirup beträufelt, mit Zucker und
Gewürzen bestäubt oder mit Puderzucker und gemahlenen Pistazien bestreut werden.
Die Kekse werden im gesamten Gebiet des einstigen Persischen Reichs zubereitet,
weshalb man sie auch in Pakistan, in der Türkei und in Afghanistan findet.

**Ergibt 16 kleine oder
8 große Kekse**

1 Ei

1 EL Butter, zerlassen

Etwa 100 ml Milch

225 g Mehl

1 Prise Salz

1 TL Puderzucker

Pflanzenöl zum Ausbacken

Zum Bestreuen

30 g Pistazienkerne

50 g Puderzucker

2 TL gemahlener Zimt

1 Das Ei in einem Messbecher verquirlen und die Butter hinzufügen.
Mit der Milch auf 110 ml ergänzen. Das Mehl mit dem Salz und
Puderzucker in eine Schüssel sieben und die Eiermilch unterarbeiten.
Den Teig auf der dünn bemehlten Arbeitsfläche in 8–10 Minuten glatt
und elastisch kneten und 16 kleine (oder acht große) Kugeln daraus
formen. Diese auf ein dünn bemehltes Blech legen und mit einem
feuchten Tuch abgedeckt etwa 40 Minuten ruhen lassen.

2 Jede Kugel auf der dünn bemehlten Arbeitsfläche zu einer
möglichst dünnen großen Scheibe ausrollen. Eine Hälfte jeder
Scheibe mit den Fingern falten und mit den angefeuchteten Fingern
zusammendrücken, damit die Falten beim Ausbacken erhalten
bleiben. Die Pistazien fein mahlen, Puderzucker und Zimt mischen.
Beides beiseitestellen.

3 In einer großen Pfanne bei mittlerer bis hoher Temperatur Öl zum
Ausbacken erhitzen. Je nach Größe der Pfanne, jeweils ein oder
zwei Elefantenohren darin auf jeder Seite in 1 ½–2 Minuten goldbraun ausbacken. Mit dem Schaumlöffel herausnehmen und überschüssiges Öl vorsichtig abschütteln. Auf Küchenpapier abtropfen lassen.

4 Das Gebäck etwas abkühlen lassen, dann erst mit dem
Zimtzucker und anschließend mit den gemahlenen Pistazien
bestreuen. Das Gebäck warm oder kalt servieren. Man kann auch
kleinere Kekse in Form von Schleifen zubereiten.

Passt zu
Pakoras von Kartoffeln
und Blumenkohl (S. 66–67)
Auberginenküchlein aus Gujarat
(S. 82–83)

Granatapfel-Blutorangen-Salat

Zu den schönen Dingen des Winters gehört die Fülle an Zitrusfrüchten. Dieser farbenfrohe Obstsalat aus Blutorangen und Granatapfelkernen wird mit östlichen Gewürzen aromatisiert und ist sehr belebend und erfrischend.

Für 4–6 Personen

4 Blutorangen oder saftige Navelorangen

4 Mandarinen

Saft von 1 Blut- oder Navelorange

2 Granatäpfel

1 TL flüssiger Honig

2 grüne Kardamomkapseln

1 TL gemahlener Zimt oder 1 Zimtstange

100 g ungesalzene Pistazienkerne ohne Haut, grob gehackt

1 Die Orangen und Mandarinen mit einem scharfen Messer mitsamt der weißen Innenhaut schälen. Die Früchte mit einem scharfen Messer in Scheiben schneiden, diese in eine Schüssel geben und beiseitestellen. Den ausgetretenen Saft zusammen mit dem Saft der Orange in einen kleinen Edelstahltopf geben.

2 Um die Kerne zu lösen, zunächst die ganzen Granatäpfel in die Hand nehmen und mit einem Holzlöffel rundum etwa 20-mal fest daraufklopfen. Die Früchte mit einem scharfen Messer halbieren, herauslaufenden Saft zu dem Orangensaft geben. Über einer Schüssel mit dem Holzlöffel auf die Hälften klopfen, sodass die Kerne herausfallen und die bitteren weißen Trennhäute zurückbleiben.

3 Den Honig in den Topf mit dem Saft geben. Die Kardamomkapseln mit dem Messerrücken oder einem Holzlöffel zerdrücken. Die ölhaltigen Samen im Innern herauslösen und in den Topf geben. Gemahlenen Zimt oder Zimtstange (vor dem Servieren entfernen) hinzufügen und alles verrühren. Den Sirup aufkochen und 1 Minute köcheln lassen, dann vom Herd nehmen und beiseitestellen, damit er abkühlt und die Aromen verschmelzen.

4 Den abgekühlten Sirup über die Fruchtfilets gießen und die Granatapfelkerne untermischen. Den Salat bis zum Verzehr kalt stellen und mit den Pistazien bestreut als farbenfrohes Dessert mit griechischem Joghurt, Crème fraîche oder Eiscreme oder einem mediterranen Orangenkuchen servieren.

Passt zu
Schweinefleischbällchen mit Knoblauch (S. 38–39)
Hähnchenfleischtaschen aus Sichuan (S. 100)

Ausgebackene Birnen mit Zimt-Honig-Sirup

Dieses einfache Dessert kann auch mit einem erfrischenden Getränk als Snack gereicht werden. Das Aroma des Sirups können Sie durch getrocknete Gewürze, Vanille oder Ingwer variieren. Durch die Zugabe von einigen Zweigen Rosmarin entsteht ein köstlicher Sirup für Äpfel, Birnen oder Quitten.

1 Für den Sirup Honig, Wein und Zimtstangen in einem Topf vermischen und 3–4 Minuten köcheln lassen, bis die Mischung etwas eingekocht ist, dann abkühlen lassen.

2 Den Teig herstellen. Die Eigelbe, den Wein, die Milch und das Olivenöl mit einem Schneebesen verschlagen, dann langsam das Mehl unterschlagen, sodass ein glatter Teig entsteht. In einer zweiten Schüssel die Eiweiße schlagen, bis sich weiche Spitzen bilden. Ein Drittel des Eischnees in den Teig rühren, um ihn aufzu-lockern, den restlichen Eischnee vorsichtig unterheben.

3 Das Öl zum Frittieren in einem hohen Topf erhitzen, bis es heiß ist, aber noch nicht raucht – eine kleine Menge Teig sollte darin sofort zu brutzeln beginnen. Die Birnen schälen und halbieren und das Kerngehäuse entfernen. Die Hälften längs in vier Spalten schneiden.

4 Die Birnenstücke in den Teig tauchen und überschüssigen Teig abtropfen lassen. Die Spalten in etwa 4 Minuten gold-braun frittieren, zwischendurch einmal wenden. Dabei portionsweise arbeiten, damit die Temperatur des Öls nicht zu stark absinkt und sichergestellt ist, dass der Teig knusprig wird. Die Birnenstücke auf Küchenpapier abtropfen lassen, auf ein Backblech legen und auf der untersten Schiene des Backofens warm halten, während die übrigen Spalten ausgebacken werden. Die Birnen mit dem Zimt-Honig-Sirup beträufelt sofort servieren.

Für 6 Personen

Neutrales Pflanzenöl zum Frittieren

4 reife Birnen (vorzugsweise Williams oder Comice)

Für den Zimt-Honig-Sirup

3 EL Honig

60 ml süßer Weißwein wie Vin Santo oder Muskateller*

2 Zimtstangen

Für den Ausbackteig

2 Eier, getrennt

125 ml süßer Weißwein*

125 ml Milch

2 EL bestes Olivenöl

125 g Mehl

* Falls kein süßer Wein zur Verfügung steht, Weißwein mit 1½ EL feinstem Zucker vermischt verwenden.

Passt zu
Chinesische Rippchen vom Grill (S. 24–25)
Schweinefleisch-Kohl-Taschen (S. 75)

Kaymakli kurk kayisi | Gefüllte Aprikosen

Die Heimat der Aprikose ist China, doch durch Handel breitete sie sich nach und nach aus, und heute findet man sie in ganz Asien wie auch anderen Teilen der Welt. Diese gefüllten Aprikosen sind ein köstlicher Snack, den man zu jeder Tageszeit essen kann, entweder zu Kaffee oder als Teil einer größeren Auswahl an Desserts. Auch Feigen oder Datteln können nach diesem Rezept zubereitet werden. Es ist einfach, aber Ihre Gäste werden beeindruckt sein. Kaufen Sie möglichst pralle Trockenaprikosen, die nicht zu stark eingetrocknet sind.

Für 6 Personen

450 g getrocknete Aprikosen oder Datteln

200 g Zucker

3 grüne Kardamomkapseln

1 Zimtstange

2 Gewürznelken

Saft von ½ Zitrone

3 EL Mascarpone

30 g Pistazienkerne ohne Haut, grob gemahlen

1 Die Trockenfrüchte in einer Schüssel mit Wasser bedecken und über Nacht quellen lassen, bis sie prall und weich sind. Am nächsten Tag mit dem Schaumlöffel herausnehmen und beiseitestellen.

2 Die Weichflüssigkeit mit Wasser auf 600 ml ergänzen und mit dem Zucker, den Kardamomkapseln, der Zimtstange und den Nelken in einen Topf geben und erhitzen, damit sich der Zucker auflöst. Aufkochen und 10 Minuten köcheln lassen, dann die Aprikosen hineingeben und 10 Minuten köcheln lassen, bis sie weich sind und die Flüssigkeit sirupartig geworden ist. Den Zitronensaft hinzufügen und die Aprikosen 1 weitere Minute garen. Den Topf vom Herd nehmen und die Aprikosen mit dem Schaumlöffel herausheben. Früchte und Sirup abkühlen lassen.

3 Den Mascarpone mit 3 EL abgekühltem Sirup verrühren. Die abgekühlten Aprikosen in der Mitte aufschneiden und mit dem Mascarpone füllen, dann mit den Pistazien bestreut servieren.

Passt zu
Lammpilaw mit Safran und Nüssen (S. 104)
Gefüllte Auberginen (S. 165)
Elefantenohren (S. 196–197)

Aromatische Gewürze

Der Duft orientalischer Gewürze beschwört Bilder von alten Handelsrouten, Reichtümern und Geheimnissen herauf. Wegen dieser Aromazutaten wurden Kriege und Eroberungsfeldzüge geführt. Sie waren

> »Diese Gewürze waren Asiens wertvollste Exportartikel, lange bevor die Menschen im Westen wussten, wie die Menschen in Asien aussahen oder was sie aßen.«

Asiens beste und wertvollste Exportartikel, lange bevor die Menschen im Westen wussten, wie die Menschen in Asien aussahen oder was sie aßen.

Gewürze erfreuten sich deshalb großer Beliebtheit, weil sie Speisen nicht nur Aroma, sondern auch einen Hauch Grandezza verliehen. Zudem verwendete man sie häufig zum Konservieren und überdeckte mit ihnen den Geschmack verdorbener Speisen. Früher war Salz teuer und kaltes Wetter die einzige andere Möglichkeit, um Nahrung haltbar zu machen. In elisabethanischer Zeit wurden daher Gewürze in der Küche häufiger verwendet als heute. Für manche beschwören die Düfte dieser Gewürze Bilder von Weihnachten herauf. Geräucherte Schinken sind oft mit Nelken gespickt. Fleischpasteten, Weihnachtskuchen – alle enthalten Gewürze, die in früheren Zeiten nach der Ernte den Früchten hinzugefügt wurden.

Bedeutend für die Verwendung von Gewürzen zum Konservieren sind die keimtötenden Eigenschaften, die einige besitzen. So sind die Öle in Zimt, Nelken, Ingwer, weißem Senf, Anis, Wacholder und Pfeffer wirksame Konservierungsmittel.

Zimt

Der Duft von echtem oder Ceylon-Zimt ist warm, süß und beruhigend. Bei Zimtstangen, sogenannten Quills, handelt es sich um die innere Rinde des Ceylon-Zimtbaumes (*Cinnamomum zeylanicum*), der mit dem Lorbeer verwandt ist. Ursprünglich stammt er aus Sri Lanka, heute wird er aber in ganz Asien wie auch auf der karibischen »Gewürzinsel« Granada kultiviert und in den Küchen Indiens, Vietnams, Marokkos, Irans und Malaysias sowohl für pikante als auch süße Gerichte häufig verwendet. Gemahlener Zimt ist praktisch, aber minderwertiger als Quills, da er rasch an Geschmack verliert. Am besten kauft man Gewürze stets ganz und mahlt sie bei Bedarf selbst.

Sternanis

Sternanis (*Illicium verum*) ist eine sternförmige Frucht. Seine Faszination liegt in seiner Schönheit, doch er hat auch einen unglaublich intensiven Geschmack. Sein kräftiges Aroma erinnert an Anis, aber er ist bitterer und schärfer. Besonders gut geeignet ist er für geschmorte und langsam gegarte Gerichte. Sternanis ist eine der Hauptzutaten für chinesisches Fünfgewürz und sein Duft erfüllt daher die Luft jeder Chinatown oder chinesischen Gemeinde. In Europa ist er seit dem 16. Jahrhundert beliebt. Die berühmte vietnamesische Suppe *pho*, deren Name sich vom französischen *pot-au-feu* (»Topf auf dem Feuer«) ableitet, wird mit Sternanis, Zimt und Ingwer aromatisiert.

China-Zimt oder Kassie

Obwohl der China-Zimt (*Cinnamomum aromaticum*) echtem Zimt ähnelt und ähnlich riecht, sollten die beiden nicht verwechselt werden. Bei China-Zimt handelt es sich um die äußere Rinde eines Baumes, dessen Heimat sich vom nordostindischen Bundesstaat Assam bis nach Burma erstreckt. Sein Geschmack ist viel kräftiger als der des echten Zimts. Er wird in Indien, Burma, Vietnam und China bevorzugt, ist aber härter und daher schwerer zu mahlen. Deswegen lässt man ihn ganz oder kauft ihn gemahlen.

Gewürznelken

In England heißen Gewürznelken *cloves*, was sich von dem lateinischen Wort *clavus*, »Nagel«, ableitet. Nelken sind die getrockneten Blütenknospen des Baums *Syzygium aromaticum* aus der Familie der Myrtengewächse,

Gewürznelken

Zimtquills

Stern-anis

Kardamom-kapseln

und da sie intensiv schmecken, sollten sie sparsam verwendet werden. Zudem wirken sie betäubend, weshalb man sie weltweit gegen Zahnschmerzen einsetzt. Man gibt sie in süße und pikante Gerichte, in Gewürzmischungen wie das chinesische Fünfgewürz und benutzt sie wegen ihrer keimtötenden Eigenschaften zum Konservieren. Im Nahen Osten findet man sie häufig in süßem Gebäck.

Muskatnuss

Die Duftende Muskatnuss (*Myristica fragrans*) ist ein auf den Molukken heimischer Baum, und sie liefert sowohl Muskatnüsse als auch Muskatblüten. Muskat ist ein wärmendes, süßliches Gewürz, das aus zweierlei Gründen sparsam verwendet werden sollte: Es schmeckt intensiv und es wirkt halluzinogen. In Indien verwendet man es hauptsächlich für süße Speisen und manchmal für Garam masala. Im Nahen Osten würzt man mit ihm oft pikante Gerichte, in Japan ist Muskatnuss in Currypulver enthalten.

Salat von Mangostanen, Litschis und Mangos

Mangostanen sind köstliche asiatische Früchte, die man bei guten Obsthändlern und in Asienläden bekommt. Sie haben eine dunkle harte Schale, die nichts über das verlockende Fruchtfleisch im Innern verrät. Das weiße Fleisch schmeckt wie eine Mischung aus Walderdbeeren, Bananen und Zitrusfrüchten. Falls Sie noch nie Mangostanen gegessen haben, sollten Sie sie unbedingt probieren. Als Ersatz eignet sich in Scheiben geschnittene Banane. Man kann aber auch andere asiatische Früchte wie Ananas oder Papaya in den Salat geben.

Für 4–6 Personen

4 Kaffirlimettenblätter

18 Litschis

2 reife Mangos

8 Mangostanen

20 frische Minzeblätter

Für das Passionsfrucht-Dressing

4 cm frischer Ingwer, geschält und fein gehackt

1 EL Zucker

2 Passionsfrüchte

Saft von 1 Orange

Saft von 1 Limette

Passt zu
Gebratenes Rindfleisch mit Zwiebel-Chili-Relish (S. 33)
Rettichsalat mit gebratenem Knoblauch (S. 142)

1 Mit einem scharfen Messer die hervorstehenden Stiele auf der Rückseite der Kaffirlimettenblätter herausschneiden. Die Blätter fest aufrollen und mit einem Messer in einer fließenden Bewegung in dünne Streifen schneiden. Beiseitestellen.

2 Die Litschis mit der Schale halbieren, dann die Schalen abziehen und die Kerne wegwerfen. Die Mangos schälen, das Fruchtfleisch in große Stücke schneiden und diese in etwa 1 cm dicke Scheiben gleicher Größe. Mit einem kleinen Messer mit Wellenschliff die Mangostanen waagerecht rund um die Mitte aufschneiden, bis sich die Schalenhälften lösen. Aber Vorsicht: Die Schale ist sehr hart und Sie müssen fest drücken. Das Fleisch der Frucht ist weiß. Die harten schwarzen Samen im Innern herauslösen und mit den Schalen wegwerfen.

3 Für das Dressing den Ingwer mit dem Zucker im Mörser zu einer glatten Paste zerreiben. Die Passionsfrüchte halbieren. Das Fruchtfleisch in die Ingwerpaste schaben. Umrühren, dann Orangen- und Limettensaft untermischen.

4 Litschis, Mangoscheiben und Mangostanen mit den Minze- und Kaffirlimettenblättern in eine große Schüssel geben und alles vorsichtig vermischen. Das Dressing dazugeben und behutsam unterheben. Den Salat als erfrischenden Abschluss einer asiatischen Mahlzeit sofort servieren.

Doogh | Joghurt-Minze-Getränk

In Asien findet man vom Gebiet des einstigen Persischen Reichs bis zum indischen Subkontinent zahlreiche Varianten dieses alten, sehr erfrischenden Getränks. Manche sind süß, andere eher salzig und sauer. Gemeinsam ist allen, dass sie bei großer Hitze belebend wirken. *Doogh* ist ein echter Durstlöscher mit lang anhaltender Wirkung. Man kann Eiswürfel oder zerstoßenes Eis hineingeben oder ihn direkt aus dem Kühlschrank servieren.

1 Den Joghurt und Sauerrahm mit dem Zitronensaft und dem Salz glatt rühren. Die Gurke und Minze untermischen.

2 Die Mischung mit 1 l Wasser aufgießen und rühren, damit sie sich nicht trennt. Im Kühlschrank aufbewahren, bis dieser Durstlöscher benötigt wird. Die Kombination von Salz und Säure wirkt sehr erfrischend, und ähnlich wie moderne isotonische Getränke enthält *doogh* wichtige Salze und Mineralstoffe wie auch Zucker, die bei Flüssigkeitsmangel Ihre Lebensgeister wieder wecken.

Für 4–6 Personen

500 g griechischer Joghurt

75 g Sauerrahm

Saft von 1 Zitrone

1 EL Salz

1 Mini-Gurke, geschält und fein geraspelt

3 Stängel frische Minze, Blätter abgezupft und grob gehackt

Passt zu
Burmesische Fischküchlein (S. 80)
Kartoffeln mit Kurkuma und Senfkörnern (S. 174–175)

Bastani sa labi | Safraneiscreme mit Pistazien

Persische Eiscreme ist dafür berühmt, unwiderstehlich zu sein. Diese mit Rosenwasser, Safran und Pistazien aromatisierte einfache Eiscreme wirkt ausgesprochen
dekadent. Auch die Konsistenz persischer Eiscreme ist interessant. Kurz vor Ende
der Gefrierzeit werden kleine Stücke gefrorene Crème double in die Eiscreme gerührt,
die beim Verzehr einen Kontrast zu der ansonsten cremigen Konsistenz dieses
verlockenden Desserts bilden.

Für 4 Personen

500 ml Milch

3 EL griechischer Joghurt

250 g feinster Zucker

2 TL Rosenwasser

1 TL Safranfäden, in 2 EL heißer
Milch eingeweicht

2 EL Crème double, gefroren

3 EL gehackte Pistazienkerne

1 Die Milch bei mittlerer bis hoher Temperatur aufkochen. Den Topf
vom Herd nehmen. Joghurt und Zucker verschlagen, bis sich
der Zucker aufgelöst hat. Die Milch unterrühren, dann das Rosenwasser und den Safran mit der Flüssigkeit hinzufügen.

2 Die Mischung in die Eismaschine gießen und nach Gebrauchs-
anweisung 30 Minuten gefrieren lassen. (Wer keine Eismaschine
hat, stellt die Masse ins Gefriergerät, nimmt sie alle 10 Minuten her-
aus und rührt sie 2–3 Minuten durch. Danach stellt man sie wieder in
das Gefriergerät.)

3 Etwa 5 Minuten vor Ende der Gefrierzeit die gefrorene Crème
double in kleine Stücke hacken. Die Stücke zu der Eiscreme
geben. Die weiche Eiscreme in eine gekühlte Schüssel oder Portionsschalen geben und bis zum Gebrauch abgedeckt in das Gefriergerät stellen.

4 Vor dem Servieren die goldgelbe Eiscreme mit den Pistazien
garnieren und diese zu im Backofen gegarten Früchten oder
Kuchen wie Joghurt-Pistazien-Kuchen (siehe S. 186–187) servieren.

Passt zu
Afghanisches Quitten-
kompott (S. 190)
Afghanisches Neujahrskompott
(S. 191)

Menüvorschläge

Ein Teil des Vergnügens, Speisen aus anderen
Teilen der Welt zu probieren, besteht darin zu ler-
nen, wie sich Aromen und Zubereitungsmethoden
kombinieren lassen. Die folgenden Menüs wurden
so zusammengestellt, dass Sie mit ihnen auf eine
Entdeckungsreise durch die verschiedenen Küchen
Asiens gehen können. Es handelt sich jedoch nur
um Anregungen, die Sie nicht vom Experimentieren
abhalten sollten. Verschiedene Geschmacksrichtungen in einer Mahlzeit zu kombinieren, ist ein aus-
gezeichneter Weg, Appetit auf mehr zu bekommen.
Zudem eignen sich alle Rezepte gut für Einladungen.
Beeindrucken Sie Ihre Gäste!

Menü 1

◁ Pfannengerührtes grünes Gemüse **Vietnam** S. 18–19

Chinesische Rippchen vom Grill **China** S. 24–25

Gebratene Garnelen mit Tamarinde **Malaysia** S. 154–155

Frühlingszwiebel-Schnittlauch-Brötchen **China** S. 110–111

Salat von gegrillter Aubergine **Burma** S. 128–129

Menü 2

◁ Marinierte und gegrillte Makrelen **Indonesien** S. 22–23

Schweinefleisch-Kohl-Taschen **Korea** S. 75

Knackiger Kohlsalat mit Erdnüssen **Laos** S. 134–135

Frisches Kokosnuss-Chutney **Indien** S. 133

Knusprige Erdnusswaffeln **Indonesien** S. 65

Wassermelone mit Limette, Salz und Pfeffer **Modernes Asien** S. 195

Menü 3

◁ Gedämpfte Garnelen-Wan-Tans **China** S. 98–99

Pilgermuscheln mit Koriander-Chutney **Indien** S. 16–17

Gegrillte Rindfleischbällchen mit Dip **Vietnam** S. 26–27

Frühlingszwiebel-Pfannkuchen **Korea** S. 60–61

Tofusalat nach Nonya-Art **Singapur** S. 136–137

Menü 4

◁ Burmesische Erbsenküchlein **Burma** S. 90–91

Gegrillte Hähnchenbrust nach Art Isaans **Thailand** S. 40–41

Würzige Garnelenröllchen auf Zitronengras **Vietnam** S. 34–35

Gebratene Venusmuscheln **Malaysia** S. 94–95

Kartoffeln mit Kurkuma und Senfkörnern **Singapur** S. 174–175

Menü 5

Menü 6

Menü 7

Menü 8

Menü 9

◁ Auberginenküchlein aus Gujarat **Indien** S. 82–83

Entenfleisch-Sates aus Sumatra **Indonesien** S. 50–51

Sesam-Tempura **Japan** S. 78–79

Pfefferfleisch nach Art Sichuans **China** S. 170–171

Bohnensprossen mit scharfer Bohnenpaste **Korea** S. 21

Menü 10

◁ Malaiisches Rindfleisch-Rendang **Malaysia** S. 148–149

Schweinefleischbällchen mit Knoblauch **Vietnam** S. 38–39

Gedämpfte Gemüserollen **Korea** S. 105

Auberginendip aus Sri Lanka **Sri Lanka** S. 150–151

Reismehl-Pfannkuchen **Sri Lanka** S. 81

Zitrus-Kokosnuss-Gelee **Thailand** S. 184–185

Menü 11

◁ Scharf-saurer Salat von grüner Papaya **Thailand** S. 144–145

Rindfleisch mit Tamarinde und Erdnüssen **Vietnam** S. 180–181

Gebratene Nudeln auf malaiische Art **Malaysia** S. 20

Frühlingsrollen mit Garnelen **China** S. 72–73

Marinierter Thunfisch mit Ingwer **Japan** S. 120–121

Menü 12

◁ Ananas mit karamellisiertem Chili **Modernes Asien** S. 194–195

Salatkörbchen mit Hähnchenfleisch **China** S. 124–125

Kokos-Laksa aus Singapur **Singapur** S. 112

Schweinelende mit Minze und Erdnüssen **Vietnam** S. 158–159

Eingelegte Frühlingszwiebeln aus Laos **Laos** S. 168–169

Menü 13

◁ Salat mit Erbsen- und Bohnensprossen **Modernes Asien** S. 140–141

Teigtaschen mit Lammfleischfüllung **Singapur** S. 74

Glücks-Crêpes **Vietnam** S. 86–87

Sashimi von Brasse mit scharfem Dressing **Korea** S. 143

Sambal-Auberginen aus Sumatra **Indonesien** S. 88–89

Menü 14

◁ Würziges Aprikosen-Chutney **Afghanistan** S. 160–161

Lammpilaw mit Safran und Nüssen **Pakistan** S. 104

Gefüllte Auberginen **Türkei** S. 165

Frittiertes Kartoffelbrot **Indien** S. 62–63

Afghanisches Neujahrskompott **Afghanistan** S. 191

Menü 15

◁ Frittierte Kalmarblüten mit Ingwer und Gewürzen **China** S. 58–59

Burmesische Fischküchlein **Burma** S. 80

Gedämpfte Grillfleischbrötchen **China** S. 101

Spargelbohnen mit Chilipaste **Singapur** S. 30–31

Gebratene Auberginen mit geröstetem Sesam **Korea** S. 178

Menü 16

◁ Salat von Soba-Nudeln mit Lachs **Japan** S. 130–131

Fleischbällchensuppe nach Nonya-Art **Malaysia** S. 113

Hähnchenfleischspieße mit Safran **Iran** S. 172–173

Frühlingszwiebel-Schnittlauch-Brötchen **China** S. 110–111

Granatapfel-Blutorangen-Salat **Iran** S. 200–201

Glossar

Agar-Agar Natürliches Geliermittel (auch *kanten* genannt), das aus Algen hergestellt wird. Man bekommt es als Pulver oder Flocken in asiatischen Lebensmittelläden und Naturkostgeschäften. Sollte es nicht erhältlich sein, kann man es durch Gelatine ersetzen, muss dann aber eventuell die Menge anpassen, da Agar-Agar stärkere Gelierkraft besitzt.

Asant-Gewürz von einer fenchelähnlichen Pflanze mit einem durchdringenden knoblauchartigen Geruch, das sehr sparsam verwendet werden sollte. Es wird vor allem in der indischen Küche als Geschmacksverstärker verwendet. Erhältlich ist es in Asienläden.

Chinakohl Dieser Kohl ist ein Verwandter des Senfs, der vor allem für Salate und pfannengerührte Gerichte verwendet wird.

Choi sum Weitere Kohlart, die für Salate und pfannengerührte Gerichte benutzt wird. Choi sum ist in asiatischen Lebensmittelgeschäften und bei guten Gemüsehändlern erhältlich.

Daikon-Rettich Auch Chinesischer oder Japanischer Rettich genannt. Langes Wurzelgemüse mit knackigem weißem Fleisch und weißer oder schwarzer Schale. Achten Sie auf eine feste, glatte Schale. Daikon-Rettich kann roh für Salate oder Garnituren verwendet oder in pfannengerührte Gerichte gegeben werden. Er wird in asiatischen Lebensmittelgeschäften angeboten.

Dashi Japanische Brühe aus *katsuobushi* (Bonitoflocken) und *kombu* (getrocknete Algen).

Fischsauce Diese stark riechende Sauce wird aus fermentierten Sardellen und anderen Fischen hergestellt und ist eine wichtige Zutat für die südostasiatische Küche. Beim Garen verliert sie ihren fischigen Geschmack und verleiht Aroma. Es sind verschiedene Sorten im Angebot. In Thailand heißt Fischsauce *mam pla*, in Vietnam *nuoc mam*. Fischsauce bekommt man in guten Supermärkten und in Asienläden.

Galgant Dieses pfeffrig-scharfe Rhizom ist vor allem in der Thai-Küche sehr beliebt, wird aber in ganz Südostasien verwendet. Es ähnelt ein wenig frischem Ingwer. Man bekommt Galgant frisch oder als Pulver in Asienläden.

Garnelenpaste Sie wird aus gesalzenen und fermentierten Garnelen hergestellt und variiert je nach Herkunftsregion ein wenig. Diese Paste sollte sparsam verwendet werden. Erhältlich ist sie in Asienläden.

Junge Kokosnuss Diese Kokosnuss ist geraspelt, frisch und manchmal tiefgekühlt in Asienläden erhältlich. Man bekommt sie auch in Dosen, frische Ware ist aber die beste Wahl, eventuell danach fragen.

Kandiszucker In großen Stücken kristallisierter Zucker, der vor Verwendung zerkleinert werden muss. Er ist nicht so süß wie normaler Zucker.

Ketjap manis Das indische Ketjap (oder Kecap) manis ähnelt Sojasauce, ist aber mit Palmzucker gesüßt und enthält Gewürze wie Sternanis und Knoblauch. Man findet es in asiatischen Lebensmittelgeschäften.

Kochujang Diese scharfe rote Paste aus Korea, auch *kochu chang* genannt, wird aus fermentierten Sojabohnen oder schwarzen Bohnen und roten Chilischoten hergestellt. *Sunchang kochujang* kommt aus der Region von Sunchang, wo es als Spezialität gilt. Es macht geradezu süchtig und ist in Asienläden erhältlich.

Kombu In der japanischen Küche häufig verwendete Zutat, bei der es sich um Algen handelt, die in der Sonne getrocknet und zu Blättern gepresst wurden. Zusammen mit Bonitoflocken wird *kombu* zur Herstellung von Dashi (s.o.) wie auch für Sushi und andere Gerichte verwendet und dient als Geschmacksverstärker. Aus dieser Braunalge wurde in Japan erstmals Mononatriumglutamat gewonnen. *Kombu* ist in asiatischen Lebensmittelgeschäften und manchen Naturkostläden erhältlich.

Pak choi Auch chinesischer Senfkohl genannt. Er wird für Salate und pfannengerührte Gerichte verwendet.

Palmzucker Dieser Zucker wird aus dem Saft von Dattel- und Kokospalmen hergestellt. In Indien heißt er *jaggery*, allerdings wird dieser Name dort auch für Rohrzucker verwendet.

Sambal oelek Ein Sambal ist eine scharfe Paste, die hauptsächlich aus Chilischoten hergestellt wird und als Würze dient. Sambal oelek ist die vielleicht einfachste Sorte und besteht aus Chilis, braunem Zucker und Salz. Sie wird in Gläsern in Asienläden angeboten.

Sauerkirsche Die Sauerkirsche (*Prunus cerasus*) ist kleiner als die Süßkirsche. Es sind verschiedene Sorten im Angebot wie etwa Aleppo und Morello. Frische Sauerkirschen bekommt man meist im Frühsommer. Frische Aleppo-Kirschen sind möglicherweise nur in einem guten Orientladen erhältlich. Getrocknete Sauerkirschen sind ein perfekter Ersatz und werden in guten Supermärkten angeboten.

Shaoxing-Reiswein Zur Herstellung von Reiswein wird Klebreis oder Hirse vergoren. In China gilt Shaoxing-Reiswein aus der Provinz Zhejiang als der beste. Achten Sie darauf, dass Sie tatsächlich echten Reiswein einkaufen. Als Ersatz eignet sich ein guter trockener Sherry.

Shichimi togarashi Auch japanisches Siebengewürz genannt (siehe S. 69). Es ist in asiatischen Lebensmittelgeschäften erhältlich und wird vor dem Garen über Udon-Nudeln, Fisch oder Fleisch gegeben.

Tamarinde Eine wichtige Zutat in der indischen und südostasiatischen Küche, die auch in Rezepten aus Persien und dem Nahen Osten erscheint. Es handelt sich bei Tamarinde um Hülsenfrüchte, die Samen und säuerliches Fruchtfleisch enthalten. Das Fleisch wird als Aromazutat ähnlich wie Zitronensaft verwendet. Man bekommt Tamarinde als Konzentrat, Paste, Mark oder Pulver in Asienläden und Naturkostgeschäften.

Thai-Basilikum Sollte Thai-Basilikum (siehe S. 139) nicht erhältlich sein, ersetzt man es durch eine Mischung aus frischen Koriander- und Minzeblättern.

Vietnamesischer Koriander Siehe S. 139.

Bezugs-quellen

Asiatische Lebensmittel sind in Europa seit einigen Jahren weit verbreitet. In vielen Städten gibt es Asia-Läden, aber auch Bioläden und gut sortierte Supermärkte bieten Produkte aus den Küchen Asiens an. Wer vor Ort nicht fündig wird, kann auf das reichhaltige Angebot von Internethändlern, die sich auf asiatische Produkte spezialisiert haben, zurückgreifen. Hier eine nicht repräsentative Auswahl:

Allgemein
www.gourmondo.de
www.asiafoodland.de
www.insiderasia.de
www.asiamondo.de

Indische Lebensmittel
www.maharani-shop.de
www.indu-versand.de

Japanische Lebensmittel
www.otsumami-land.com
www.japan-feinkost.de

Register

Dank

Dank des Autors

Dank an Mary-Clare Jerram, Carl Raymond und Monika Schlitzer, die mein Potenzial als Autor sahen; an Borra Garson und Lauren Davies von Deborah McKenna Ltd. Dank an Dawn Henderson, Siobhán O'Connor, Susan Downing und Simon Daley und die fantastischen Teams von DK in London, New York und Deutschland; an alle bei Penguin in Australien für ihre Hilfe und Unterstützung.

Dank an Lisa Linder, die das Wesen meiner Küche auf Film bannte und an ihre Assistentin Julia Kepinska. Dank an Alice Hart, meine wunderbare Foodstylistin.

Große Anerkennung für die Menschen auf der ganzen Welt, die mich bei meiner Arbeit an diesem Buch so großzügig unterstützten. Allen voran Heather Paterson, die mein Leben in Ordnung hält. Tim Kemp für die fantastischen Möglichkeiten in London und New York. In Malta großen Dank an Michael Zammit Tobana, Besitzer des Fortina Spa Resorts; an die Köche des Taste im Fortina, die meine Gerichte so wunderbar kochen.

An die großen Köche, die mich inspiriert haben: Rose Gray und Ruth Rogers vom River Café, Rick Stein, Loyd Grossman, Peter Doyle von Est in Sydney, David Thompson.

An Tim Lee und Ashley Huntington, die die Debatte über Essen weit offen hielten; Bernie Plaisted, mein bester Mann in der Küche; Danielle und Rafael Fox Brinner, Kifah Arif, JJ Holland, Charlie Mash, Sarah Rowden, Clare Kelly, Birgit Erath und Celia Brooks Brown. Dank an die Menschen, die meine berufliche Laufbahn gefördert haben: Chantal Rutherford Brown, die Cutting Edge School of Food and Wine, Books für Cooks, Susan Pieterse, Tertia Goodwin, alle bei Leiths, Liz Trigg, Toby Peters, Peter Durose, Helen Chislet, Jaimin und Amandip Kotecha, Hugh und Celina Arnold, Gail Arnold und Howard Crump.

An Tasting Australia, Matt Maddocks, Wye Yap, Peter Harman, Susan Foster, Chris Pinzone und alle in Sydney. An Debbie Wallen, Annette Peters, Helena Fleming, Caroline Crumby bei Marks and Spencer. An alle Köche und Freunde, mit denen die Arbeit so viel Spaß macht. Dieses Buch ist für euch.

Dank des Verlags

Dorling Kindersley möchte Simon Daley und Siobhán O'Connor dafür danken, dass auch die Arbeit unter Druck mit ihnen ein Vergnügen ist, Andrew Roff gilt unser Dank für die redaktionelle Unterstützung und Hilary Bird für das Erstellen des Registers.

Bildnachweis

Der Verlag möchte folgenden Personen und Institutionen für die freundliche Erlaubnis zum Abdruck ihrer Fotos danken:

Alamy Images: Melvyn Longhurst 212; Jon Arnold: 37, 108; Corbis: Krishnendu Halder/ Reuters 146; Getty Images: Neil Emmerson 14; Frans Lemmens 199; David Noton 82; Anthony Plummer 166; Hugh Sitton 167; Keren Su 54, 116; VEER Steven Puetzer 126; Jochem D Wijnands 76; Lonely Planet Images: John Banagan 127; Photolibrary: Botanica 182; Photoshot: Joan Swinnerton 109; Rex Features 36; Robert Harding Picture Library: Yadid Levy 198; Still Pictures: M. Lohmann 77

Alle anderen Fotos © Dorling Kindersley
Weitere Informationen www.dkimages.com